首都经济贸易大学北京市属高校
基本科研业务费专项资金资助成果（批准号：XRZ2021054）

对外直接投资提升中国自主创新能力研究 ▶▶

王琨 ◎ 著

DUIWAI ZHIJIE TOUZI
TISHENG ZHONGGUO ZIZHU CHUANGXIN NENGLI
YANJIU

首都经济贸易大学出版社
Capital University of Economics and Business Press
·北京·

图书在版编目（CIP）数据

对外直接投资提升中国自主创新能力研究/王琨著.
--北京：首都经济贸易大学出版社，2022.7
ISBN 978-7-5638-3336-8

Ⅰ.①对… Ⅱ.①王… Ⅲ.①对外投资—直接投资—影响—技术革新—研究—中国 Ⅳ.①F832.6 ②F124.3

中国版本图书馆 CIP 数据核字（2022）第 038919 号

对外直接投资提升中国自主创新能力研究
王　琨　著

责任编辑	晓地
封面设计	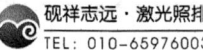
出版发行	首都经济贸易大学出版社
地　　址	北京市朝阳区红庙（邮编100026）
电　　话	（010）65976483　65065761　65071505（传真）
网　　址	http://www.sjmcb.com
E-mail	publish@cueb.edu.cn
经　　销	全国新华书店
照　　排	北京砚祥志远激光照排技术有限公司
印　　刷	北京九州迅驰传媒文化有限公司
成品尺寸	170 毫米×240 毫米　1/16
字　　数	188 千字
印　　张	10.5
版　　次	2022 年 7 月第 1 版　2022 年 7 月第 1 次印刷
书　　号	ISBN 978-7-5638-3336-8
定　　价	43.00 元

图书印装若有质量问题，本社负责调换
版权所有　侵权必究

前　言

经过改革开放40多年的高速增长，2019年，中国人均GDP已超过1万美元，稳居中高收入国家的行列。党的十九大报告指出，中国特色社会主义进入了新时代，"我国经济已由高速增长阶段转向高质量发展阶段"。实现高质量的发展需要创新驱动的动力体系。然而，在当前的发展阶段，创新能力特别是自主创新能力的不足已经日益成为制约中国高质量发展的"瓶颈"因素。在技术进步的"后发优势"逐渐消失，以及科学技术引进受到发达国家扼制的情况下，"走出去"就成为中国整合世界科技资源，加快自主创新步伐的重要途径，而中国如何通过对外直接投资增强自主创新能力，成为当前亟待深入研究的重要课题。

现有对外直接投资提升自主创新能力的研究文献，表现出两方面的理论局限：一是立足于发达国家的研究，忽略了中高收入国家所处的特定经济发展阶段及其所面临的特定经济发展环境，也没有考虑到中高收入国家跨越"中等收入陷阱"必须实现技术赶超的特定需要，因此没有将中高收入国家及中高收入国家的对外直接投资加以考量；二是立足于发展中国家的研究，虽然注意到了中高收入国家利用对外直接投资提升本国自主创新能力的现象，却仅停留在对概念框架的描述上，没有形成符合中高收入国家的一般理论分析框架，因而很难全面探讨对外直接投资对母国自主创新能力的提升效应。因此，要构建适用于中国的对外直接投资提升自主创新能力的理论，就必须在分析框架中纳入中高收入国家在技术遏制的环境下如何实现技术赶超的现实特征。

本书试图针对已有理论研究的不足，通过纳入中高收入国家及其对外直接投资，对已有分析对外直接投资提升自主创新能力的质量阶梯产品周期模型进行中国化修正，构建一个更适合中国经济现实的一般理论分析框架。这个一般理论分析框架捕捉了中高收入国家进行技术赶超的迫切需要，以及面临异常激烈的国际竞争压力两大特征，以结构转换机制、知识获取机制、资源配置机制和市场竞争机制为核心机制，将技术寻求型对外直接投资、成本节约型对外直接投资和中高收入国家的自主创新贯穿为一个整体，从而能够全面探讨对外直接投资对自主创新能力的提升作用。在上述四种内在机制的作用下，中高收入国家的对外直接投资不仅能够提升其自主创新能力，而且有利于促进国内自主创新结构的转化，即由以集成创新为主的自主创新结构向以原始创新为主的自主创新结构转换。

本书在理论模型的基础上建立了计量分析模型，并且以中国2005—2017年的省级面板数据为基础，使用面板广义矩估计法进行了实证分析。实证分析结果支持了理论模型所得到的基本结论。为了进一步对理论模型的基本结论进行验证，本书对日本1965—2005年的时间序列数据进行了统计检验，结果同样支持理论模型的基本结论。然而，有一点不同的是，在中国，对外直接投资与国内研发人员呈现了负向即替代性关系；而在日本，两者之间却呈现出正向互补关系。通过对日本促进自主创新的制度安排，特别是协同创新制度安排的深入考察发现，一国的协同创新水平是调节对外直接投资对自主创新能力提升作用的重要因素。协同创新水平越高，国内的创新网络越完善，对外直接投资对本国自主创新能力的提升作用也越大。相反，较低的协同创新水平使对外直接投资对自主创新能力的提升作用仅局限在单个企业范围，并没有效地扩散到整个经济系统当中。与日本相比，中国较低的协同创新水平在一定程度上降低了对外直接投资对中国自主创新能力的提升效果。

最后，以上述研究结论为基础，结合中国当前所处的国际经济环境，本书从促进对外直接投资持续健康发展，健全协同创新体制机制，以及构建更高水平的国际经济合作三个方面提出了增强对外直接投资提升中国自主创新能力的政策建议，并对未来的研究进行了展望。

目　录

1 导论 ·· 1
   1.1 选题背景及意义 ·· 3
   1.2 研究思路和方法 ·· 6
   1.3 概念界定和研究内容 ······································ 8
   1.4 创新和不足 ·· 14

2 文献综述 ·· 17
   2.1 发达国家对外直接投资提升自主创新能力的研究 ········ 19
   2.2 发展中国家（地区）对外直接投资提升自主创新能力的
       研究 ·· 32
   2.3 对外直接投资提升自主创新能力的基础研究框架 ········ 38
   2.4 对相关文献的总结性评论 ································· 47

3 对外直接投资提升中国自主创新能力的一般理论分析
   框架 ·· 53
   3.1 质量阶梯产品周期模型的中国化修正：理论分析 ········ 55
   3.2 质量阶梯产品周期模型的中国化修正：数理模型 ········ 69
   3.3 质量阶梯产品周期模型的中国化修正：隐含假定的
       进一步考察 ·· 79

4 对外直接投资提升中国自主创新能力的实证检验 ············ 89
   4.1 基本假说和模型设定 ······································ 91
   4.2 估计方法和变量描述 ······································ 94
   4.3 实证结果分析 ··· 97

5 增强对外直接投资提升自主创新能力的日本经验 ············ 105
   5.1 选择日本作为考察对象的原因 ··························· 107

  5.2 对外直接投资提升日本自主创新能力的实证分析 ………… 109
  5.3 日本提升协同创新水平的制度安排 ……………………… 114

6 增强对外直接投资提升中国自主创新能力的政策建议 ………… 127
  6.1 促进对外直接投资持续健康发展 ………………………… 129
  6.2 健全协同创新体制机制 …………………………………… 136
  6.3 构建更高水平的国际经济合作 …………………………… 140

7 结论与展望 ……………………………………………………………… 145
  7.1 研究结论 …………………………………………………… 147
  7.2 前景展望 …………………………………………………… 149

参考文献 ………………………………………………………………………… 151
附录 ……………………………………………………………………………… 157

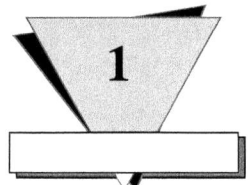

导论

1 导论

1.1 选题背景及意义

1.1.1 选题背景

经过改革开放40多年的高速增长，2019年，中国人均GDP已经超过1万美元，稳居中高收入国家的行列。党的十九大报告指出，中国特色社会主义进入了新时代，我国经济已由高速增长阶段转向高质量发展阶段。在对中国当前发展阶段做出科学判断的基础上，党中央进一步提出要贯彻新发展理念，建设现代化经济体系，为实现建成社会主义现代化强国和中华民族伟大复兴的目标而奋斗。

实现高质量的发展需要创新驱动的动力体系①。然而，在中国当前的发展阶段，创新能力特别是自主创新能力的不足，已经日益成为制约中国高质量发展的瓶颈因素。一方面，随着我国经济发展水平的不断提高，技术水平已经逐渐接近世界科技前沿，甚至在某些领域已经进入世界前沿，引进、消化、吸收、再创新的空间将越来越小，技术创新的"后发优势"逐渐递减甚至不再存在；另一方面，自主创新需要充分整合全球科技资源，积极吸收世界各地特别是发达国家的先进科学技术、知识，然而，以美国为首的西方发达国家在很多关键和核心技术上对中国实行遏制，使中国必须走出一条中国特色自主创新的道路。

在技术进步的后发优势逐渐消失，以及科学技术来源受到遏制即引进来被限制的情况下，走出去就成为中国获取外部科学技术、知识，加快自主创新步伐的重要途径。进入21世纪以来，随着走出去国家战略的推进，中国的对外直接投资迅猛增长。2014年，中国的对外直接投资流量首次超过外商来华投资，标志着中国已经迈入了资本净输出国家的行列；2018年，中国的对外直接投资流量达到了1 430亿美元，仅次于日本居世界第二位；2002年到2018年，中国的对外直接投资存量增长了66.3倍，保持了年均28.2%的增长速度。中国对外直接投资的快速增长引起了国内外学界的广泛关注，学者分别依据不同的理论，从不同的角度探讨了中国对外投资的动机、影响因素和

---

① 黄泰岩.理论创新驱动我国高质量发展[J].经济学动态，2019（7）：14－19.

效果,取得了较丰富的研究成果,但立足于对外直接投资,系统分析其对中国自主创新能力提升作用的研究仍显不足。

在全球化背景下的中国高质量发展阶段,自主创新与对外直接投资的关系日益密切(如图1-1、图1-2所示)。一方面,核心技术、关键技术是大国重器,买不来,换不来,求不来,必须依靠自主创新。习近平指出,在引进核心技术、关键技术上不能抱有任何幻想,核心技术尤其是国防科学技术是花钱买不来的,必须将"命门"把控在自己手中①。另一方面,自主创新又必须是全面开放条件下的创新。习近平指出,自主创新是开放环境下的创新,绝不能关起门来搞,要聚四海之气,借八方之力②。相较于内向型国际直接投资和进出口贸易,外向型国际直接投资在知识获取上更具有主动性、针对性和有效性,因而与自主创新的联系也更加紧密。在新一轮高水平、更高层次对外开放的背景下,特别是高质量外资流入受到发达国家各种限制的情况下,中国如何通过对外直接投资增强自主创新能力,成为推进高质量发展亟待深入研究的课题。

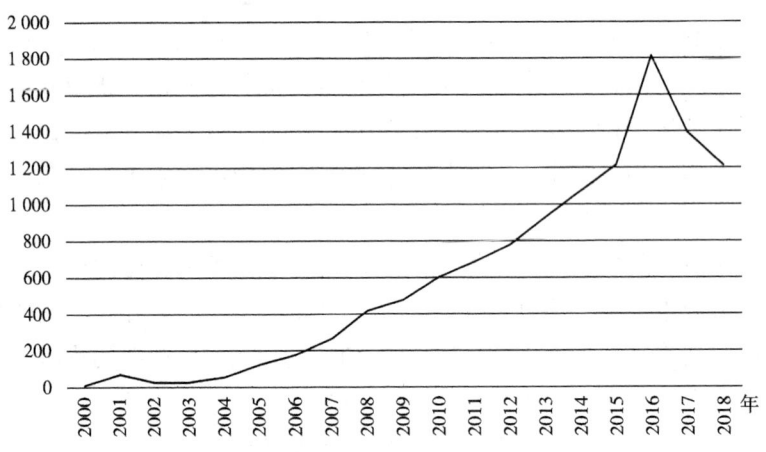

图1-1　2000年以后中国对外直接投资流量(亿美元)

---

① 习近平强调的"命门"是什么 [EB/OL]. http://www.chinanews.com/gn/2018/05-20/8518036.shtml.

② 有关科技创新,习近平总书记这些金句值得回味 [EB/OL]. http://jhsjk.people.cn/article/30045051.

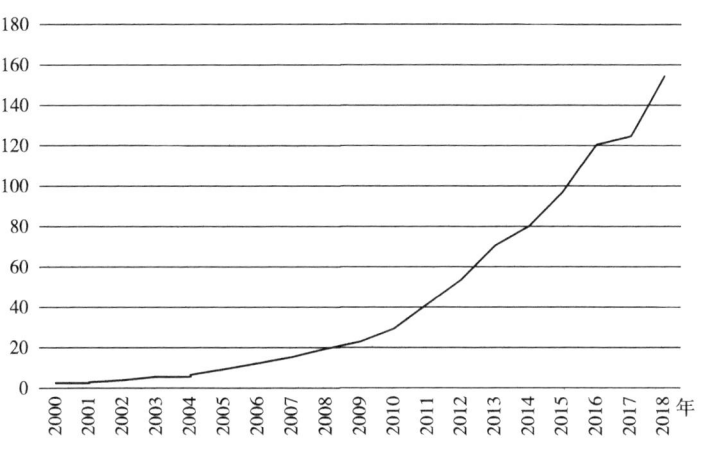

图 1-2 2000 年以后中国居民申请的专利件数（万件）

1.1.2 研究意义

1.1.2.1 理论意义

对外直接投资提升自主创新能力的研究，由于国内外学者分别从不同的投资动机和反馈机制的角度分析，尚未形成一个学界公认的系统而完善的一般理论分析框架。这表现在两方面：一是立足于发达国家的研究没有考虑到中高收入国家所处的特定经济发展阶段及其所面临的特定经济发展环境，也没有考虑到中高收入国家实现技术赶超的特定需要，因而没有能够将中高收入国家及中高收入国家的对外直接投资纳入理论分析框架；二是立足于发展中国家的研究虽然注意到了后发国家利用对外直接投资与发达国家建立联系，并借此提升本国自主创新能力的现象，但却仅仅停留在对概念框架的描述上，没有将发展中国家利用对外直接投资提升自主创新能力的现象整合为一般理论分析框架，因而很难全面探讨对外直接投资对母国自主创新能力的提升效应，同时，缺乏对自主创新能力提升内在机制的深入探讨，无法完整地描述发展中国家的技术赶超进程。在中国自主创新能力亟待增强，对外直接投资迅猛增长的现实背景下，从理论上构建研究对外直接投资提升自主创新能力的一般理论分析框架，并揭示对外直接投资提升自主创新能力的内在机制，为增强中国自主创新能力提供科学的理论指导和政策制定依据，显得尤为重要。这是中国经济学对自主创新理论研究的"世界贡献"。

1.1.2.2 实践意义

随着中国近十年对外直接投资和专利申请数量的快速增长,对外直接投资已经成为贯彻落实经济高质量发展的重要举措,但由于缺乏对外直接投资提升自主创新能力的理论指导,实际效果并不理想,主要表现为对外直接投资的创新目的性不强,对全球科技资源的利用程度不高,对本土创新绩效的改善不明显①。因此,本书通过系统研究对外直接投资对自主创新能力的提升作用,构建一般理论分析框架并揭示提升的内在机制,对在新一轮高水平全面开放的背景下,积极引导中国企业更有针对性地走出去,进一步优化整合世界科技资源,增强中国的自主创新能力具有重要的现实意义。

1.2 研究思路和方法

1.2.1 研究思路

本书围绕中国对外直接投资提升自主创新能力进行理论探索和经验检验。要构建适用于中国的对外直接投资提升自主创新能力的理论,就必须将中高收入国家主动利用对外直接投资提升自主创新能力纳入一般理论分析框架。现有的质量阶梯产品周期模型虽然提供了一个基础性的分析框架,但由于它只是一个包含发达国家和发展中国家的两类国家模型,而且假定发展中国家只是技术的被动接受型国家,忽略了中高收入国家在具有对外直接投资能力后,通过对外直接投资主动整合世界科技资源进行自主创新,加快技术赶超的事实。因此,必须对现有的质量阶梯产品周期模型进行修正,构建更具有解释力的一般理论分析框架,才能为中高收入国家加快自主创新,实现技术赶超提供理论指导和政策制定依据。

按照这一思路,本书尝试对现有的质量阶梯产品周期模型进行中国化修正,纳入中高收入国家及其对外直接投资行为,以便使模型能够更适合中国的经济现实。中国化的质量阶梯产品周期模型捕捉了中高收入国家进行技术赶超的迫切需要,以及面临异常激烈的国际竞争压力的两大特征,以结构转换机制、市场竞争机制、资源配置机制和知识获取机制为核心内在机制,将

---

① 傅晓岚. 中国创新之路 [M]. 北京: 清华大学出版社, 2017.

技术寻求型对外直接投资、成本节约型对外直接投资和中高收入国家的自主创新贯穿为一个整体，从而能够全面探讨对外直接投资对自主创新能力的提升作用。在上述四种内在机制的作用下，中高收入国家的对外直接投资不仅能够提升其自主创新能力，而且有利于促进国内自主创新结构的转化，即由以集成创新为主的自主创新结构向以原始创新为主的自主创新结构转换。值得注意的是，不同于模型所设定的完美预期的理想环境，现实创新活动中信息往往是不完全的，预期也是不完美的，由此可能影响到模型的基本结论。由于协同创新是协调现实研发活动中各方预期的重要机制，我们有必要深入探讨协同创新对于对外直接投资提升自主创新能力可能发挥的调节作用。

本书依据中国化的质量阶梯产品周期理论模型建立计量分析模型，并且以中国2005—2017年的省级面板数据为基础，使用面板广义矩估计法进行实证检验。为了进一步对理论模型的基本结论进行验证，我们通过对日本1965—2005年的时间序列数据进行统计检验以验证理论模型的合理性。最后，以理论探索和经验检验为基础，并结合中国当前所处的国际经济环境，从促进对外直接投资持续健康发展、健全协同创新体制机制，以及构建更高水平的国际经济合作三个方面，提出增强对外直接投资提升中国自主创新能力的政策建议，并对未来的研究进行合理的展望。

1.2.2　研究方法

1.2.2.1　文献分析法

本书在研究思路的指导下，分别从发达国家和发展中国家的不同研究视角，从理论研究和经验研究两个层面对国内外对外直接投资提升自主创新能力的相关文献进行了系统的归纳和梳理，从而能够全面地比较各种理论研究的异同，并总结出依据不同的样本、衡量指标和计量分析方法进行的经验研究的基本结论，有利于清晰指明现有理论和经验研究的不足之处。以此为基础，确定本书研究的切入点。

1.2.2.2　理论建模法

以质量阶梯产品周期模型为基础，尝试对其进行中国化修正，纳入中高收入国家及其对外直接投资，以便使理论模型能够更适合中国的经济现实。中国化的质量阶梯产品周期模型捕捉了中高收入国家进行技术赶超的迫切需要，以及面临异常激烈的国际竞争压力的两大特征，以结构转换机制、市场

竞争机制、资源配置机制和知识获取机制为核心内在机制,将技术寻求型对外直接投资、成本节约型对外直接投资和中高收入国家的自主创新贯穿为一个整体,从而能够全面探讨对外直接投资对自主创新能力的提升作用,这就构成了研究中国对外直接投资提升自主创新能力的一般理论分析框架,并为后续进行的经验研究奠定了理论基石。

1.2.2.3　计量分析法

在中国化的质量阶梯产品周期理论模型的基础上,本书利用中国 2005—2017 年的省级面板数据建立了计量分析模型,并使用面板广义矩估计法进行了实证检验,以便能够克服可能存在的内生性问题。为了进一步对理论模型的基本结论进行验证,对日本 1965—2005 年的时间序列数据进行了统计检验。通过这种多维度跨国别的实证检验,本书力求能够客观准确地反映经济变量之间的相互关系。

1.2.2.4　制度分析法

对于发展中国家而言,制度建设贯穿经济发展过程的始终,党的十九届四中全会首次专门研究了国家制度和国家治理问题并做出决定,首次系统描绘了中国特色社会主义制度的图谱。有鉴于此,在理论建模和经验研究的基础上,本书详细考察了日本在中高收入发展阶段向高收入发展阶段转变过程中采用的增强对外直接投资对自主创新能力提升作用的制度安排,特别是与协同创新相关的制度安排,以便能够为中国积极利用对外直接投资提升自主创新能力提供必要的参考和借鉴。

1.3　概念界定和研究内容

1.3.1　概念界定

基于研究的基本思路,本书需要对自主创新、对外直接投资、协同创新三个核心概念进行清晰的界定。

1.3.1.1　自主创新

自主创新问题的提出源自后发国家对于技术进步的路径选择。由于经济基础较为薄弱,后发国家在经济发展过程中必然面临如何推动技术进步,快速实现工业化和现代化的问题。在技术进步的道路选择上,出现了引进模仿

1 导论

和自主创新两种路径。引进模仿从国外直接获得技术、知识甚至生产设备，节省了研发费用和时间，能够快速实现技术进步，但存在着技术先进性不足，缺乏独立知识产权的问题。自主创新降低了对国外的技术依赖，需要自己投入资源进行研发，能够拥有自主知识产权，但存在研发周期长，不确定性大的问题。学者们一般认为，在经济发展的前中期，通过引进模仿国外的技术能够避免研发不确定性，加速技术进步；在经济发展的中后期，只有通过自主创新才能逐渐逼近国际技术前沿[1]。在中国当前的发展阶段，技术特别是核心关键技术受到发达国家遏制的情况越来越严重，因而自主创新受到越来越多的关注。

学者分别从不同的角度讨论了自主创新的概念和内涵。陈至立从创新的不同层次出发，将自主创新划分为原始创新、集成创新和引进消化吸收再创新三种类型[2]。原始创新是在科学领域的首次发现和技术领域的率先发明；集成创新是通过对现有技术的新组合，形成新的技术或产品；引进消化吸收再创新是对引进的国外技术进行消化、吸收、改进，形成拥有部分自主知识产权的更好的产品或技术[3]。雷家骕等从知识来源的角度出发，提出自主创新就是摆脱了对国外技术来源和路径的依赖，且形成全部或部分自有知识产权的创新[4]。陈菲琼和虞旭丹则不仅关注知识来源，也强调成果应用。她们指出，自主创新就是企业主要依靠自身技术力量突破关键技术，攻克技术难关，形成有价值的研究成果，并首次将其商业化，以实现市场价值的创新行为[5]。

可以看出，学者对自主创新的讨论基本上抓住了自主、独立、减少外部依赖的核心特征，但各自关注的焦点不尽相同，目前还没有形成一种从逻辑上能够给出一致解释的说法。在总结现有研究的基础上，我们尝试对自主创新进行明确统一的界定。本书认为，自主创新就是在不完全依赖国外技术、知识的情况下，主要依靠自身对科学、技术、市场信息的掌握，而获得有商业

---

[1] AGHION P, HOWITT P. The economics of growth [M]. Cambridge, MA: MIT Press, 2009.

[2] 陈至立. 加强自主创新 促进可持续发展 [J]. 中国软科学, 2005 (9): 1-6.

[3] 雷家骕, 张庆芝, 张鹏, 等. 创新植入增长: 基于科学的产业的技术赶超与自主创新 [M]. 北京: 清华大学出版社, 2019.

[4] 雷家骕, 洪军. 技术创新管理 [M]. 北京: 机械工业出版社, 2012.

[5] 陈菲琼, 虞旭丹. 企业对外直接投资对自主创新的反馈机制研究: 以万向集团 OFDI 为例 [J]. 财贸经济, 2009 (3): 101-106.

价值成果的经济活动。按照对科学、技术、市场信息的不同掌握程度,自主创新可以分为原始创新、集成创新和引进消化吸收再创新三种类型。

1.3.1.2 对外直接投资

学者对于对外直接投资的关注始于海默对资本—套利假说的批判。海默认为,基于资本—套利假说的传统国际资本流动理论,根本没有区分对外直接投资和对外间接投资(证券资产组合投资)。不同于仅限于控制资本的对外间接投资,对外直接投资的主要目的是控制国际经营,因而对于技术、知识、管理、资本都有不同程度的控制权①。

此后,在强调对于国际经营权控制的基础上,各国、各组织机构依据具体操作的需要对对外直接投资做了多种定义。国际货币基金组织给对外直接投资下的定义为:"一国投资者为了获得持久利益而在其他国家进行的长期投资,对外直接投资的目的是在国外企业的管理中施加显著影响。"② 美国商务部的定义是:"投资者对位于另一个国家的企业具有持续性的利益或某种程度的影响。"③ 邓宁和伦丹(Dunning,Lundan)对投资类型进行了详细划分,他们认为,对外直接投资是"一个企业在其母国以外进行的投资,这种投资包括资本、技术、管理技能、进入市场的优势以及企业家声誉,投资者对投资资金的运用有控制权"④。在综合上述定义的基础上,任永菊提出,对外直接投资是投资者为了在国外获得长期的投资效益,并拥有对企业或公司的控制权和经营管理权而进行的在国外直接建立企业或公司的投资活动,其核心是生产要素的跨国流动,以及投资者对国外投资企业拥有足够的经营管理权甚至控制权⑤。

可以看出,社会各界对于对外直接投资的定义并没有什么本质上的不同,都体现了一经济体通过投资于另一经济体而实现其持久利益的目标,仅在对细节问题的文字表述上存在若干差异。由于对外直接投资是一个很

---

① HYMER S H. International operations of national firms: a study of direct foreign investment [M]. Cambridge, MA: MIT Press, 1976.

② https://www.inf.org/externod/np/ds/matrix.htm.

③ 任永菊. 跨国公司与对外直接投资 [M]. 北京:清华大学出版社,2019.

④ DUNNING J H, LUNDAN S M. Multinational enterprises and the global economy [M]. Cheltenham: Edward Elgar Publishing, 2008.

⑤ 任永菊. 跨国公司与对外直接投资 [M]. 北京:清华大学出版社,2019.

容易量化的指标，为了能够与中国对外直接投资相关数据的统计口径保持一致，本文采用《2018年度中国对外直接投资统计公报》中的定义：对外直接投资是指我国企业、团体等境内投资者在国外及港澳台地区以现金、实物、无形资产等方式投资，并以控制国（境）外企业的经营管理权为核心的经济活动。

1.3.1.3 协同创新

协同创新的思想来源于物理学中分析复杂开放系统的协同理论。德国物理学家哈肯将协同理论引入经济学领域，强调协同的作用在于能够使复杂系统成为有序系统，并通过非线性学习效应产生强大的正能量①。有鉴于协同在经济系统和创新系统中的积极作用，国内外学者分别从网络、系统和组织的角度对协同创新进行了解读。塞拉诺和费舍（Serrano，Fische）从网络视角出发，认为协同创新涉及知识、技术和信息等资源相互交换和融合的复杂网络，是一个从沟通到协调、合作再到协同的过程②。张方从系统的视角出发，指出协同创新是生态集群内的创新企业与集群外环境，经过复杂非线性互动产生单个企业难以实现的整体协同效应的过程③。更多的学者从组织视角探讨了协同创新的概念。凯琴（Ketchen）等指出，协同创新是组织为了能够持续创新而推动专门技术、思想和知识等资源实现跨组织转移与共享的过程④。张在群认为，协同创新是多个组织共同参与推动技术转移和知识共享而形成的合作关系⑤。

可以发现，尽管学者从不同的视角对协同创新的概念进行了解读，但相互之间并不矛盾。协同创新涉及多个不同的组织，必然需要一个能够将各个组织联系起来的关系网络，而经由关系网络联系起来的多个组织从整

---

① DOPFER K. The evolutionary foundations of economics [M]. Cambridge：Cambridge University Press，2005.

② SERRANO V，FISCHER T. Collaborative innovation in ubiquitous systems [J]. Journal of intelligent manufacturing，2007，18（5）：599–615.

③ 张方. 协同创新对企业竞争优势的影响：基于熵理论及耗散结构论 [J]. 社会科学家，2011（8）：78–81.

④ KETCHEN D J，IRELAND R D，SNOW C C. Strategic entrepreneurship, collaborative innovation and wealth creation [J]. Strategic entrepreneurship journal，2007，1（3–4）：371–385.

⑤ 张在群. 政府引导下的产学研协同创新机制研究 [D]. 大连：大连理工大学，2013.

体上看,构成了一个创新生态系统。我们认为,由于组织是构成网络和系统的基本单元,将协同创新看作一种组织形式应当更容易得到学者的一致认同。

综上所述,本书认同陈劲和阳银娟(2012)在整合各种观点基础上从组织视角对协同创新进行的界定,即协同创新是以知识增值为核心,企业、政府、知识生产机构(大学、研究机构)、中介机构和用户等,为了实现重大科技创新而开展的大跨度整合的创新组织模式①。协同创新概念特别强调创新要素的整合和创新资源的无约束流动带来的叠加效用。

1.3.2 研究内容

本书的研究内容分为七章。

第1章:导论。本章首先介绍了论文的选题背景及理论和实践意义,概括了写作过程中的研究思路及拟采用的研究方法,对核心概念进行了界定并确定了具体研究内容,最后总结了创新点以及存在的不足之处。

第2章:文献综述。本章分别从发达国家和发展中国家的研究视角出发,从理论研究和经验研究两个层面对现有对外直接投资提升自主创新能力的文献进行了系统的梳理和归纳,指明了现有理论的不足之处。要构建适用于中国的对外直接投资提升自主创新能力的理论,必须将中高收入国家主动利用对外直接投资提升自主创新能力的现象整合为一般理论分析框架,现有的质量阶梯产品周期模型提供了一个基础性的分析框架。因此,本章详细介绍了质量阶梯产品周期模型,并给出了对于所有文献的总结性评论并指明了本研究的切入点。

第3章:对外直接投资提升中国自主创新能力的一般理论分析框架。本章论证了在质量阶梯产品周期模型中,中高收入国家对外直接投资和自主创新活动的现实依据;详细阐述了中国化的质量阶梯产品周期模型的理论逻辑、基本特征和内在机制,对中国化的质量阶梯产品周期模型进行了完全形式化的数学表述;探讨了质量阶梯产品周期模型的隐含假定,指明了协同创新对于对外直接投资提升自主创新能力的调节作用,使中国化的模型更加贴近现实;证明了对模型的修正不仅没有违背质量阶梯产品周期模型的基本逻辑,

---

① 陈劲,阳银娟. 协同创新的理论基础与内涵[J]. 科学学研究,2012(2):161-164.

反而在很大程度上丰富和扩展了这类模型的内容，增强了中国化的模型对处于不同经济发展阶段的国家的解释力。

第4章：对外直接投资提升中国自主创新能力的实证检验。本章依据中国化的质量阶梯产品周期模型建立了计量分析模型，并以中国2005—2017年的省级面板数据为基础，使用面板广义矩估计法进行了实证分析。实证分析结果支持了理论模型得出的基本结论，即中国的对外直接投资不仅能够提升自主创新能力，而且有利于促进自主创新结构的转换——由以集成创新为主的自主创新结构向以原始创新为主的自主创新结构转换。

第5章：增强对外直接投资提升自主创新能力的日本经验。为了进一步对理论模型的基本结论进行验证，本章对日本1965—2005年的时间序列数据进行了统计检验，结果同样支持理论模型的基本结论。然而，有一点不同的是，在中国，对外直接投资与国内研发人员呈现出负向即替代性关系，而在日本两者之间却呈现出正向互补关系。通过对日本促进协同创新制度安排的深入考察，我们认为，一国的协同创新水平是调节对外直接投资对自主创新能力提升作用的重要因素。协同创新水平越高，国内的创新网络越完善，对外直接投资对本国自主创新能力的提升作用越大。相反，较低的协同创新水平使得对外直接投资对自主创新能力的提升作用仅局限在单个企业范围，并没有有效地扩散到整个经济系统当中。与日本相比，中国较低的协同创新水平在一定程度上降低了对外直接投资对中国自主创新能力的提升效果。本章的内容证实了协同创新水平是调节对外直接投资对自主创新能力提升作用的重要因素。

第6章：增强对外直接投资提升中国自主创新能力的政策建议。以前面各章的研究结论为基础，结合中国当前所处的国际经济环境，本章从促进对外直接投资持续健康发展、健全协同创新体制机制及构建更高水平的国际经济合作三个方面，有针对性地提出了增强对外直接投资提升中国自主创新能力的政策建议。

第7章：结论与展望。本章主要总结了全书的理论和经验研究结果，并指出了下一步继续研究的方向，为更深入地探讨对外直接投资提升自主创新能力的问题提供了研究建议。

1.4 创新和不足

1.4.1 创新之处

第一,基于中国作为世界上最大的中高收入国家的诸多典型特征,通过对质量阶梯产品周期模型进行中国化修正,构建了一个系统且逻辑一致的一般理论分析框架,全面探讨了对外直接投资对自主创新能力的提升作用,并将该框架用于分析中国经济改革与发展的实践,是在全面开放的新格局下,构建中国特色自主创新理论的一次有益尝试,希望能够为中国跨越"中等收入陷阱"、增强自主创新能力提供一定的理论指导。研究成果弥补了现有国际投资理论和自主创新理论在中高收入国家层面研究的不足,为经济学理论大厦贡献了"中国智慧",同时也对世界上其他中高收入国家通过对外直接投资实现在技术上赶超发达国家提供了一定的指导和借鉴。

第二,本书认为,协同创新水平在很大程度上能够调节对外直接投资对自主创新能力的提升作用。利用对外直接投资提升中国自主创新能力的政策建议,不是简单地增加对外直接投资占比和调整对外直接投资结构,还需要在努力提升协同创新水平上下功夫。因此,为了更深入地研究对外直接投资对自主创新能力的提升作用,本书将协同创新纳入对外直接投资提升自主创新能力的一般理论框架当中,并借鉴日本经验提出了更有针对性和可操作性的政策建议。

第三,在对实证研究结果的解释上澄清了现有研究的误区,指出是协同创新水平而不是吸收能力调节着对外直接投资对自主创新能力的提升作用。尽管很多学者强调吸收能力对于对外直接投资提升自主创新能力的调节作用,但都没有从系统的视角进行分析。实际上,企业对自身的吸收能力是了解的,追求经济利益的企业为何会系统性地进行与吸收能力不相符的对外直接投资便成了一个谜。本书认为,吸收能力仅能从个体层面调节对外直接投资对自主创新能力的提升作用,就整体层面而言,影响创新系统运行效率的协同创新水平,调节着对外直接投资对自主创新能力的提升作用,这样才能够解释对外直接投资与本国创新绩效出现系统性协调失灵的现象。

1.4.2 不足之处

本书的研究重点在于通过构建一般理论分析框架，探索处于中高收入发展阶段的发展中国家的对外直接投资对国内自主创新能力的提升作用，因而在理论模型构建时进行了适当的简化，忽略了发达国家跨国公司的对外直接投资行为，一定程度上低估了处于技术前沿国家的对外直接投资和创新活动（特别是原始创新活动）对全球经济的影响。此外，本书的落脚点在于如何通过对外直接投资提升中国的自主创新能力，因此将对外直接投资作为研究的既定前提，没有分析跨国公司一体化组织结构的成因，也没有研究不同的对外直接投资方式可能对自主创新能力产生的不同提升作用。未来的研究需要在纳入发达国家对外直接投资行为，以及异质性对外直接投资方式的基础上，更深入地探讨对外直接投资对中国自主创新能力的提升作用。

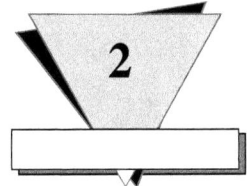

文献综述

2 文献综述

围绕对外直接投资提升自主创新能力的主题,本章对国内外相关文献进行了系统的梳理和回顾。由于研究通常包含强烈的政策含义,发达国家和发展中国家的学者从不同的角度展开了讨论,鉴于此,我们将相关文献分为基于发达国家的研究和基于发展中国家的研究,并分别从理论和经验层面进行了梳理。值得一提的是,现有研究很少探讨中高收入国家对外直接投资对自主创新能力的提升作用,因此很难对中国当前发展阶段所面临的特殊问题提供理论指导。研究现阶段中国对外直接投资对自主创新能力的提升效应,需要构建一个科学、系统的一般理论分析框架。质量阶梯产品周期模型尽管没有直接研究中高收入国家对外直接投资提升自主创新能力的问题,但其内在逻辑和作用机理却依然适用于处于特定经济发展阶段,并且面临特定国际经济环境的中高收入国家,为构建适合中国国情的修正的理论提供了基础性分析框架。于是,我们在本章第三节系统梳理了质量阶梯产品周期模型的研究进展,以便能够清晰地表明在其基础上应当进行哪些合理修正,从而为第三章的理论研究奠定基础。

2.1 发达国家对外直接投资提升自主创新能力的研究

以拥有技术和创新优势的跨国公司为逻辑起点,发达国家的学者开展了对外直接投资提升自主创新能力的研究。由于发达国家跨国公司本身已经具有较强的创新能力特别是原始创新能力,最初的研究多集中于分析跨国公司以对外直接投资的方式,在全球范围内有效配置资源对母国创新能力的提升作用。这种提升作用主要是通过生产要素价格的变化影响母国创新活动的激励,属于间接影响。随着知识经济时代的到来,国家间的技术和知识转移越来越重要,于是,学者逐渐将研究重点转移到对外直接投资所包含的技术、知识的转移,即对外直接投资是国际知识溢出的重要渠道。在这种情况下,跨国公司的对外直接投资也能够通过逆向技术转移对母国的自主创新产生直接的影响。在理论研究逐步推进的同时,围绕发达国家对外直接投资的母国创新效应,学者们进行了大量的经验研究,绝大多数结果都证实了发达国家的对外直接投资对本国自主创新有显著的提升作用。

2.1.1 发达国家对外直接投资提升自主创新能力的理论研究

2.1.1.1 从企业经营视角出发的国际生产折中理论

英国学者邓宁在总结 20 世纪 70 年代中期以前国际生产领域主要理论的基础上,以整合主要流派的基本观点为目的,从企业经营的微观视角出发构建了国际生产折中理论(OLI 理论)①,该理论现已成为国际商务领域的主流分析范式。

国际生产折中理论的逻辑起点是与东道国国内企业相比,跨国公司为何要在承担更高成本的情况下在别国开展经营活动。邓宁认为,跨国公司必定能够利用一些特定的优势,使其在抵消更高跨国经营成本的基础上仍然可以获利。邓宁将跨国公司具有的特定优势归纳为所有权优势(ownership advantages)、区位优势(location advantages)以及内部化优势(internalization advantages)。

所有权优势是指与竞争者相比,个别企业所具有的,且能够在不同地理位置之间转移的独特的竞争优势,通常包括:人力资本、管理经验、商业秘密、发明专利、品牌声誉等资产。所有权优势具有非竞争性和排他性的特征,能够在不同国家以较低的成本转移,同时又不会对该资产在其他地区的商业应用产生不利影响,是企业进行跨国经营的最基础条件。

区位优势是东道国所有但能够被跨国公司整合进全球生产网络加以开发利用的特征,如便宜的要素价格、较发达的基础设施、低廉的运输成本和贸易成本、丰富的自然资源储备、广阔的消费市场等。尽管东道国本地企业也可能利用这些优势,但依托其所有权优势,跨国公司能够更加有效地对这些区位优势加以利用,从而能够获得更高的经济效益。

内部化优势是指与市场交易相比,跨国公司将所有权优势在公司内部转移能够保持资产价值并避免租值消散。由于存在不完全信息、不完美合同和不对称信息等问题,技术、知识的国际市场交易具有很大的不确定性,通过将国际生产过程内部化,跨国公司获得了规避市场失灵的优势,从而能够最大限度地实现所有权优势的价值。

静态的国际生产折中理论搭建了研究跨国公司经济活动的基本框架,为

---

① DUNNING J H. Toward an eclectic theory of international production: some empirical tests [J]. Journal of international business studies, 1980, 11 (1): 9-31.

2 文献综述

跨国公司对外直接投资的动机、区位选择和组织形式提供了统一的解释。但是，该框架并没有明确阐述跨国公司的所有权优势是如何产生的，也没有描述跨国公司国际生产的动态演变过程，因此受到了一些学者的批评。鉴于此，邓宁将国际生产折中范式进行了动态化扩展，以便能够分析所有权优势的形成问题。

邓宁认为，在任何给定的时刻，国际生产模式都代表了特定公司国际化生产轨迹集合中的一点，而国际化生产轨迹是由特定优势结构和公司战略之间持续不间断的互动决定的。公司的国际化战略是对当前特定优势结构做出的最优反应，而公司所采取的国际化战略又进一步影响了未来的特定优势结构[1]。纳鲁拉（Narula）进一步指出，给定时点上公司的所有权优势依赖于前一时期的区位优势，因为跨国公司能够充分利用其选择的区位优势形成或增强自己的所有权优势。所有权优势的形成或增强又为跨国公司更充分地利用区位优势提供了条件[2]。以所有权优势和区位优势的循环互动机制为基础，邓宁和纳鲁拉还提出了5阶段的投资发展路径（IDP）理论，解释不同经济发展阶段的内向型国际直接投资和外向型国际直接投资的关系，并指出在后工业化发展阶段对外直接投资促进自主创新和产业升级的可能性[3]。

邓宁等人建立的国际生产折中理论通过明确三种优势来源为分析跨国公司的对外直接投资行为提供了简洁的概念框架，将该理论动态化以后，又为分析对外直接投资对自主创新能力的提升效应搭建了桥梁。但是，他们的理论也确实存在很大的漏洞，甚至受到了致命的挑战。

第一，国际生产折中理论太过宽泛。尽管邓宁等学者对特定优势三个范畴做了概括性说明，但没有对诸要素的相互关系与重要性程度给出明确解释。国际生产折中理论能够容纳各种解释跨国公司活动和对外直接投资模式的因素，将其动态化以后还能对经济发展、贸易模式、创新和产业升级等问题进行分析，俨然成为分析国际贸易、国际投资和经济发展问题的万能工具。但

---

[1] DUNNING J H. Reappraising the eclectic paradigm in the age of alliance capitalism [J]. Journal of international business studies, 1995, 26 (3): 461–491.

[2] NARULA R. Multinational investment and economic structure: globalisation and competitiveness [M]. London: Routledge, 1996.

[3] DUNNING J H, NARULA R. Multinationals and industrial competitiveness [M]. Cheltenham: Edward Elgar Publishing, 2004.

正是因为这个理论太过一般而使其丧失了对诸多特定问题的解释力,如20世纪90年代以后,快速增长的新兴发展中国家的大规模对外直接投资,与发达国家长期以来的对外直接投资究竟有何异同?发展中国家跨国公司和发达国家跨国公司的所有权优势是否具有同样的性质?发展中国家对外直接投资对自主创新能力的提升效应是否与后工业化发展阶段对外直接投资对自主创新能力的提升机制相一致?邓宁认为,对于上述问题,都可以通过进一步细化或动态化三种优势因素进行解释。然而,单纯的罗列、补充新的解释因素并不能说明哪些因素在起决定性作用,一切都需视具体情况而定,这就使折中理论失去了作为一种严密的理论体系所应有的科学解释力①。正如赫尔普曼(Helpman)指出的,国际生产折中理论仅提供了一个分析跨国公司经济活动的概念框架,从某种意义上说,这个框架太过宽泛以至于无法构建出能够做出鲜明预测的理论②。

第二,静态的国际生产折中理论中没有创新的位置,而动态的国际生产折中理论又没有真正解释创新。静态的国际生产折中理论将创新能力作为企业所有权优势的来源,以此为基础解释跨国公司的国际生产活动,至于为什么会有创新成果,则只是理论的假设。动态的国际生产折中理论试图以前一时期的区位因素解释当前所有权优势的形成和增强,却没有真正探讨以创新为核心的所有权优势形成的过程。换句话说,创新在折中理论中仍然是一个黑箱,这个黑箱构成了跨国公司的所有权优势。跨国公司在前一时期对区位优势的利用扩大了黑箱的容量,而黑箱里到底装有什么,折中理论并没有给予回答。

第三,动态的国际生产折中理论存在循环论证和逻辑上的不一致,是折中理论最致命的缺陷。动态的国际生产折中理论试图以前一期的区位优势解释当前的所有权优势,继而用当前的所有权优势解释下一期的区位优势,但是,这陷入了循环论证,即区位优势和所有权优势互相解释。实际上,正如马库森(Markusen)指出的,静态国际生产折中理论的逻辑出发点就是跨国公司必须拥有能够降低在国外经营所产生的更高成本优势,即所有权优势。

---

① DUNNING J H , LUNDAN S M. Multinational enterprises and the global economy [M]. Cheltenham: Edward Elgar Publishing, 2008.

② HELPMAN E. Understanding global trade [M]. Cambridge: Harvard University Press, 2011.

而为了解释所有权优势形成而构建的动态国际生产折中理论，又将区位优势置于逻辑链条的最前端。因此，就动态理论而言，跨国公司完全可以在不具备所有权优势的情况下开展国际投资经营活动，通过积极参与国际生产培育其所有权优势。这事实上否定了静态折中理论的基本立足点，造成了动态和静态折中理论在逻辑上的不一致[1]。

2.1.1.2 从国际分工视角出发的边际产业转移理论

边际产业转移理论由日本经济学家小岛清（Kojima）于20世纪70年代提出，不同于国际生产折中理论从微观企业经营角度分析跨国公司的对外直接投资行为及其结果，小岛清从宏观国际分工层面分析了对外直接投资对贸易、福利、产业结构和国内创新的影响[2]。

小岛清以 $2 \times 2 \times 2$ 型赫克歇尔—俄林—萨缪尔森模型（H－O－S模型）为基础，依托其建立的比较优势和相对利润率之间的对应原理为分析工具，论证了以边际产业转移为特征的日本式对外直接投资对母国贸易、就业、福利和创新的促进作用[3]。

小岛清首先依据比较优势原理将自由贸易量作为一国福利最大化的评判标准；其次为了将对外直接投资纳入传统的国际贸易理论，对经典的 H－O－S 模型进行了一些修正。他认为，传统的 H－O－S 模型中只包括资本和劳动两种生产要素，而现实中技术和管理经验也是重要的投入要素，不发达国家无法以低成本生产某种产品的主要原因就在于缺少相应的技术和管理经验。在将技术和管理经验纳入生产要素之后，他进一步假定了劳动要素是不能自由流动的，而资本、技术和管理经验都可以在国际上自由流动。这样，对外直接投资的过程也就是生产技术和比较优势转移的过程。通过对外直接投资带来的技术和管理经验的转移，东道国能够以低成本生产某种产品，不同产品之间的国际比较成本差扩大，从而创造了新的贸易。随着对外直接投资的不断扩张，国际贸易量也逐步实现了最大化。在小岛清修正的 H－O－S 模型

---

[1] MARKUSEN J R. Multinational firms and the theory of international trade [M]. Cambridge: MIT Press, 2002.

[2] KOJIMA K. Reorganisation of north – south trade: Japan's foreign economic policy for the 1970s [J]. Hitotsubashi journal of economics, 1973, 13 (2): 1 – 28.

[3] KOJIMA K, OZAWA T. Micro and macro economic models of foreign direct investment: towards a synthesis [J]. Hitotsubashi journal of economics, 1984, 25 (2): 1 – 20.

中，对外直接投资从属于国际贸易，是扩大自由贸易的手段。

构建了基本模型之后，接下来的问题是对外直接投资应该转移什么样的产业？为了解决这一问题，小岛清建立了比较优势和相对利润率的对应原理。他认为，在完全竞争条件下，假设北方国家和南方国家具有比较优势的产业分别是 A 和 B，北方企业在国内 A、B 产业的经营利润分别以 πA 和 πB 表示，而在南方进行直接投资获得的利润率分别以 γA 和 γB 表示，则有 $\frac{\pi A}{\pi B} > \frac{\gamma A}{\gamma B}$，即两国具有比较优势的产业对应于较高的相对利润率。假定企业按照相对利润率决定其对外直接投资行为，则北方企业必定选择将国内具有比较劣势的产业转移到南方，而将国内的资源集中于本国具有比较优势的产业。

通过构建模型，小岛清的理论得出了以下逻辑链条：日本式边际产业转移型对外直接投资→输出比较劣势产业→强化国内比较优势产业→增加贸易量并促进产业结构升级→增加国内就业和福利、加速技术创新→边际产业转移型对外直接投资进一步扩大。总之，在小岛清的理论中，通过对外直接投资将国内逐渐丧失比较优势的产业转移到相对不发达国家，母国才得以将更多的资源投入具有比较优势、技术含量更高、发展前景更广阔的产业，从而能够逐步提升自主创新能力。

不同于国际商务领域的研究多从微观企业经营角度探索对外直接投资对自主创新的影响，小岛清的边际产业转移理论独辟蹊径，从宏观国际分工层面着眼分析了对外直接投资对贸易、福利、产业结构和自主创新的影响。尽管在他的理论中对外直接投资对母国创新的提升作用是相对间接的，但在新贸易理论和新增长理论问世之前，边际产业转移理论仍然不失为将对外直接投资和母国创新活动整合进贸易理论框架中的一次有益尝试。但是，该理论仍然存在明显的缺陷。

第一，边际产业转移理论与传统国际贸易理论在逻辑上不相容。尽管小岛清以传统的 H-O-S 模型为基础进行了适当扩展，但其讨论的问题已经偏离了完全竞争的假定，主要表现在两个方面：一方面，小岛清理论中的核心分析工具——对应原理需要在非均衡的条件下成立，而 H-O-S 模型的基本假定却为完全竞争，在完全竞争条件下，任何利润率差异都会很快消失，因而也就消除了对外直接投资的动机，那么对外直接投资促进贸易、福利、产业升级和创新的一整套机制也就不复存在；另一方面，尽管小岛清的理论分析了对外直接投资对创新的影响,但却完全没有将创新活动纳入模型,因为有意识的创新活动本质上不可能在一个完全竞争环境下出现。实际上,在完全竞争条件下唯一可能出现的创新类型就是"干中学"所产生的知识副产品①,但由此导致创新产出完全无法预测。为什么国内具有比较优势的产业能够比转移出去的产业生产更多的知识副产品?如果这个问题得不到解决,小岛清理论中的逻辑关系就不能成立。

第二,边际产业转移理论无法研究对外直接投资对创新的直接影响。正是由于边际产业转移理论与传统国际贸易理论在逻辑上不相容,才使得该理论虽然讨论了产业升级和母国自主创新问题,但舞台上却没有演员——因为企业的行为无关紧要。在传统国际贸易理论中,企业只是完成利润最大化目标的工具,除此之外别无任何作用。这就导致在边际产业转移理论中不可能研究作为创新实体的企业行为,也就不可能研究对外直接投资活动对创新能力的直接影响,由此解释了在当时学术界普遍关注跨国公司组织形式和经营活动的环境下,小岛清为什么选择避开对企业行为的分析,直接探讨对外直接投资的宏观经济效应。因为在传统的贸易理论体系中,微观层面的企业行为无法与宏观层面的创新结果兼容。

第三,边际产业转移理论排除了落后国家进行经济赶超的可能性。这也是小岛清理论中最令发展中国家的学者和政策制定者不满的地方。在边际产业转移理论中,发达国家向不发达国家转移传统、落后的产业,而本国集中资源发展先进的高技术产业,这种雁行模式永远无法改变。发达国家将永远领先,不发达国家将永远落后。从理论逻辑上讲,边际产业转移理论中的对应原理具有对称性,即对外直接投资应当是双向的,发达国家利润率相对较高的比较优势产业也应当是不发达国家对外直接投资的对象。为了消除这种情况,小岛清先验地做出了不对称的假定:与接收具有比较优势的产业相比,投资国将具有比较劣势的产业转移到东道国能够对东道国的生产率造成更大幅度的提升,即两国技术差距越小,技术转移的成本越小,技术转移后生产率提升的幅度就越大。而这个假设既没有被经验研究证实也无法被东道国的政策制定者接受。

---

① ACEMOGLU D. Introduction to modern economic growth [M]. Princeton: Princeton University Press, 2009.

2.1.1.3 从技术溢出视角出发的知识资本理论

不同于从微观层面的企业经营视角,以及从宏观层面的全球生产力布局视角对发达国家对外直接投资行为及其结果进行的研究,一些学者特别关注对外直接投资的国际知识转移功能,强调国际技术溢出降低母国研发成本的直接效应,为研究跨国公司对外直接投资提升自主创新能力提供了另一种分析思路。

马库森(Markusen)在对水平型和垂直型对外直接投资进行长期考察的基础上建立了分析跨国公司的知识资本理论。他认为,知识资本具有可分割性、联合性和熟练劳动密集型特征,知识在国际技术市场上转移的困难又将对知识的利用限定在公司范围内①。联合性是指知识性资产所提供的服务是对多个生产基地的联合公共性投入,是解释水平型对外直接投资的关键;分割性则是指知识性资产的区位分布可以与生产活动分割开来,是理解垂直性对外直接投资的关键。罗默(Romer)指出,知识资本为公司赚取经济租值提供了激励,然而,就宏观层面看,如果没有知识的溢出,公司利润会逐步降低,最终进一步创新的激励也会消失②。马库森和罗默分别从微观和宏观的角度分析了知识资本在企业对外直接投资和创新活动中的作用,鲍德温(Baldwin)等人将马库森和罗默的基本思想整合进一个产品差异化的一般均衡模型,建立了对外直接投资提升自主创新能力的动态知识资本理论。

鲍德温等人的模型假定世界由两个从事创新活动的完全对称的发达国家组成,创新成本是研发知识存量的函数,假定研发知识存量越大,创新成本就越低,对外直接投资是国际技术、知识转移的唯一渠道③。在没有对外直接投资的情况下,两个发达国家各自展开的创新活动只能从其过去成功的研发中获取知识、积累经验。一旦两国相互之间能够进行直接投资,那么每个国家不但可以从自身的研发活动中积累经验,还可以通过学习的外部效应同时从另一个国家获取技术、知识。这种相互之间的技术溢出效应扩充了每个国

---

① MARKUSEN J R. Multinational firms and the theory of international trade [M]. Cambridge: MIT Press, 2002.

② ROMER P M. Endogenous technological change [J]. Journal of political economy, 1990, 98 (5): 71 – 102.

③ BALDWIN R, BRACONIER H, Forslid R. Multinationals, endogenous growth, and technological spillovers: theory and evidence [J]. Review of international economics, 2005, 13 (5): 945 – 963.

家的创新知识库（由于两个国家完全对称，对每个国家而言知识库都增加了一倍），从而显著降低了研发成本，激励跨国公司将更多的资源投入到创新活动中。因此，对外直接投资提升了每个国家的自主创新能力。鲍德温等人的模型表明，即使在没有要素禀赋差异，因而对外直接投资提升自主创新能力的间接效应不存在的情况下，对外直接投资作为技术转移渠道降低研发成本的直接效应仍然能够显著提升母国的自主创新能力。

鲍德温等人的模型关注的是两个完全对称的国家相互之间对外直接投资对自主创新能力的提升作用，并没有考虑到发达国家对发展中国家投资的情况。何茵和马斯库斯（He, Maskus）对该模型进行了修正，将世界设定为发达国家和不发达国家，并允许不发达国家也从事创新活动①。得益于发达国家对发展中国家的对外直接投资，两国的创新效率都因知识的双向溢出而得到改善。在这个纳入发达国家和不发达国家创新活动的修正模型中，对外直接投资不仅在全球范围内优化了资源配置，也通过跨国公司的双向知识溢出效应提升了两国的研发生产率，进而鼓励了创新活动。不过，何茵和马斯库斯的模型严格设定了不发达国家的研发生产率永远低于发达国家，所谓的学习效应并不会提升不发达国家的相对研发生产率，在不发达国家也从事研发活动的情况下，在一定程度上造成了资源配置的扭曲，降低了对外直接投资对全球创新能力的提升效果。

知识资本理论以知识资本的特性即公共性、可分割性为出发点，在一个统一的框架下解释了跨国公司对外直接投资的动机、行为，及其对母国创新能力的影响，将国际贸易和投资理论与新增长理论紧密联系起来，构成了研究对外直接投资提升自主创新能力的另一种分析范式。该理论范式有两个优势：

第一，以新贸易理论为起点，摆脱了传统贸易理论的束缚。知识资本理论从一开始就着眼于分析跨国公司行为和产业内贸易模式，跨国公司不再是贸易理论中无关紧要的因素，而是主导国际贸易、投资活动的经济实体。以知识资本的特性为中心，以垄断竞争模型为基本分析工具，知识资本理论既解释了跨国公司对外直接投资的动机和方式，又搭建了分析对外直接投资、

---

① HE Y, MASKUS K E. Southern innovation and reverse knowledge spillovers: a dynamic FDI Model [J]. International economic review, 2012, 53 (1): 279-302.

创新和经济增长问题的桥梁，实现了微观动机与宏观行为的统一，为研究对外直接投资与创新问题的学者提供了基本分析思路和逻辑一致的研究框架。

第二，强调学习的外部效应，从国际知识溢出的角度明确了技术赶超的作用机理。在初始期发达国家与发展中国家存在技术差距的情况下，如果不考虑开放环境中的知识溢出和学习效应，很难为发展中国家的技术赶超提供有力的解释。实际上，在没有知识溢出的环境下，发展中国家只可能凭借足够大的国内市场规模效应实现对发达国家的技术赶超。然而，发展中国家的市场规模同样对发达国家提供了创新激励，由于初始期发达国家的研发生产率更高，只要贸易、投资壁垒没有高到阻止直接投资进入的程度，发达国家有同样甚至更强的激励利用发展中国家的市场规模效应，使发展中国家的自主创新举步维艰。

尽管有上述优势，但知识资本理论也存在明显的缺陷。

第一，跨国公司并不从事研发。由于对外直接投资充当了转移已有技术的作用，在知识资本理论中跨国公司并不进行创新活动。尽管知识资本理论将对外直接投资作为知识溢出和转移的重要渠道，但创新却仅限于发达国家国内的公司。在经营战略选择层面，发达国家的公司首先要完成创新活动，之后才考虑是否以对外直接投资的形式进行海外经营，以避开贸易壁垒或利用发展中国家廉价的生产要素，同时使自己成为跨国公司。因此，在创新过程层面，企业在从事研发活动时跨国公司的组织形式实际上还未存在！这与当今世界上绝大多数研发活动都由跨国公司开展的事实明显不符[①]。

第二，没有刻画创新活动的动态竞争效应。在现实经济生活中，创新活动很多时候能够产生"赢家通吃"的结果，创新追随者在当期被完全逐出市场，因此企业之间的研发竞争异常激烈。此外，发达国家在位企业面临着发达国家潜在追随企业以及发展中国家模仿企业的创新威胁，随时有被替代的风险，各类企业在创新竞赛过程中展现出非常丰富的战略互动关系。在知识资本理论中，各差异化产品之间是完全对称的，创新活动由谁来开展根本无关紧要。由于消费者对每种产品都具有特别的偏好，即使有新的产品出现，原有企业也不会被完全逐出市场，仍然可以享有一定的垄断利润。在这种特定的环境下，并没有明显的领先者和追随者的区分。只要研发成本还没有高到

---

① MARREWIJK C V. International trade [M]. Oxford: Oxford University Press, 2017.

能够阻止发展中国家从事创新的程度，发达国家和发展中国家的企业就能够在创新活动中同台竞争，只需与其他企业的产品保持一定程度的差异性，即使自主创新能力较低，发展中国家的企业从事创新也依然可能是有利可图的。总之，知识资本理论中发达国家与发展中国家之间的创新互动表现出一种相当"温和"的特征，国家和企业之间创新活动的竞争效应并不强烈。

第三，不能在产业异质性环境下讨论跨国公司的行为及其对创新能力的影响。很多研究证实，在研发生产率不同的产业中，对外直接投资对自主创新能力的提升作用存在非常显著的差异，产业特质能够影响对外直接投资提升自主创新能力的效果。受限于产品完全对称性的特征，在知识资本理论中很难引入产业层面的异质性，因此对跨国公司对外直接投资行为及其对自主创新能力提升作用的讨论，仅限于某个特定的产业或极其相似的产业，从而就失去了分析产业特质影响对外直接投资对自主创新能力的提升效应的可能性。

第四，没有研究发展中国家的技术赶超问题。尽管知识资本理论的核心机制——学习外部效应为研究技术赶超问题提供了可能性，但在知识资本理论的框架下至今没有文献探讨发展中国家的技术赶超问题。实际上，一些研究虽然引入了发展中国家的创新活动，但对外直接投资却仍然是由发达国家发起的，发展中国家的对外直接投资及其对创新能力的影响，在知识资本理论的研究中尚属空白。由于发达国家向发展中国家转移的始终不是前沿技术，甚至是比较落后的技术，缺少发展中国家主动进行的对外直接投资，自然很难分析发展中国家实施的技术赶超战略。此外，由于产品具有完全的对称性，发达国家的企业和发展中国家的企业在创新活动方面同台竞争，而不是你追我赶，因而在知识资本理论中很难清晰地界定技术前沿，并明确区分领先者和追随者，由此增加了在该理论中研究技术赶超问题的难度。

2.1.2 发达国家对外直接投资提升自主创新能力的经验研究

在实证层面的文献方面，自科古特和常（Kogut, Chang）开创性地验证了日本对美国的直接投资对日本自主创新能力的提升效应以后[1]，尽管学者们

---

[1] KOGUT B, CHANG S J. Technological capabilities and japanese foreign direct investment in the united States [J]. Review of economics and statistics, 1991, 73 (3): 401 – 413.

依据各自的研究目的对自主创新能力采用了多种不同的衡量指标,但国外绝大多数研究都证实了对外直接投资提升自主创新能力的结论。

以母国全要素生产率为自主创新能力的衡量指标。一些学者检验了对外直接投资的技术溢出效应。在产业层面的数据方面,伯恩施坦和默恩(Bernstein,Mohnen)使用非线性最大似然估计的方法对日本和美国11个产业1962—1986年的数据进行分析,他们发现,日本对美国直接投资存在明显的技术溢出效应,而美国对日本的直接投资却不存在显著的技术溢出效应①。德利菲尔德和拉沃(Driffield,Love)分别使用两阶段最小二乘法和广义矩估计法检验了英国101个产业1984—1992年的面板数据,发现在研发密集型产业存在明显的技术溢出效应②。在企业层面的数据方面,纳瓦雷蒂(Navaretti)等使用倾向得分匹配法分析了法国和意大利1993—2000年1 000多家企业的数据,发现外向型对外直接投资(OFDI)技术溢出正效应在意大利非常明显,而在法国却并不十分明显③。德利菲尔德(Driffield)等构建了包含47个国家4 500家跨国公司子公司的横截面数据库,并使用广义矩估计法对其进行了研究。他们发现,对外直接投资的正向技术溢出效应非常明显,但更倾向于集中在发达经济区域(欧盟、北美自由贸易区)内部④。

全要素生产率数据容易获得,经常被用来测算技术进步速率,但却并不是衡量自主创新能力的良好指标。实际上,全要素生产率上升可能源于制度变迁、生产要素优化配置、劳动熟练程度提高等因素,未必是自主创新能力提升的结果。因此,全要素生产率仅能够在一定程度上衡量自主创新能力。为了使实证分析结果更加可靠,很多学者采用了其他更准确衡量自主创新能力的指标。

---

① BERNSTEIN J F, MOHNEN P. International R&D spillovers between U S and japanese R&D intensive sectors [J]. Journal of international economics, 1998, 44 (2): 315 – 338.

② DRIFFIELD N, LOVE J H. Foreign direct investment, technology sourcing and reverse spillovers [J]. The manchester school, 2003, 71 (6): 659 – 672.

③ NAVARETTI G B, VENABLES A J. Multinationals and industrial policy [J]. Oxford review of economic policy, 2013, 29 (2): 361 – 382.

④ DRIFFIELD N, LOVE J H, YANG Y. Technology sourcing and reverse productivity spillovers in the multinational enterprise: global or regional phenomenon? [J]. British journal of management, 2014, 25 (S1): 24 – 41.

2 文献综述

一些学者使用研发投入作为自主创新能力的衡量指标。艾格尔和普法费马耶（Egger，Pfaffermayr）以奥地利制造业企业微观数据为基础构建了Probit模型，并分别使用匹配方法、赫克曼方法和伍德里奇工具变量法进行了估计，结果表明奥地利企业的对外直接投资显著提升了企业在母国的研发能力①。哈密达和皮斯科泰罗（Hamida，Piscitello）使用普通最小二乘法检验了瑞士700多家制造业企业2002—2005年的数据，发现研发型对外直接投资的增加不仅增强了瑞士国内企业的研发能力，也提高了整个产业的研发支出②。

另有一些学者使用研发产出作为自主创新能力的衡量指标，授权专利数量、产品创新是通常用来衡量研发产出的两个不同维度的标准。在授权专利数量指标方面，阿拉扎维（Alazzawi）对OECD国家1 300家跨国公司1975—1999年的数据进行面板固定效应回归分析，发现对外直接投资明显促进了跨国公司在母国新授权专利数量的增加③。一些学者综合使用产品创新和授权专利数量指标，如瓦格纳（Wagner）分别使用新专利授权数、新产品销售份额和新生产过程引入三种指标④，吴等将新产品数量、新产品销售份额、新产品开发速度、新产品开发成功率、授权专利数量和产品新奇性6个指标整合为一个新的指标⑤。尽管使用了更为复杂的衡量标准，但他们都得出了对外直接投资提升母国自主创新能力的结论。

通过对现存文献的梳理可以发现：尽管学者们对自主创新能力采用了多种不同的衡量指标，但国外绝大多数经验研究都支持对外直接投资提升自主创新能力的结论。事实上，经过各种不同层面、不同国别的样本数据和不同统

---

① EGGER P, PFAFFERMAYR M. The counterfactual to investing abroad: an endogenous treatment approach of foreign affiliate activity [R]. Working Papers in Economics (University of Innsbruck), 2003, No4.

② HAMIDA L B, LEJEUNE C. Knowledge transfer in multinatinal companies: sharing multiple perspectives [M]. Paris: L'Harmattan, 2016.

③ ALAZZAWI S. Innovation, productivity and foreign direct - induced R&D spillovers [J]. The journal of international trade&economic development, 2012, 21 (5): 615 – 653.

④ WAGNER J. International firm activities and innovation: evidence from knowledge production functions for german firms [R]. HWWA Discussion Paper, 2006, No344.

⑤ WU H, CHEN J, LIU Y. The impact of OFDI on firm innovation in an emerging country [J]. International journal of technology management, 2017, 74 (2): 167 – 184.

计分析方法的检验,该结论都表现出相当程度的稳定性。因此,发达国家的经验研究表明,对外直接投资对自主创新的提升效应普遍存在。

2.2 发展中国家(地区)对外直接投资提升自主创新能力的研究

20世纪80年代以后,新兴工业化国家和地区的对外直接投资逐渐增加,在全球直接投资份额中的比重不断加大。一般而言,拥有技术、资金和品牌优势,并具备丰富的国际化管理经验的企业才会进行风险较大的对外直接投资活动,而这些企业大多集中在发达国家,发展中国家的企业相对于发达国家的跨国公司并不具有优势。因此,如何解释并不具备特定优势的发展中国家的企业进行大规模对外直接投资的现象引起了学界的研究兴趣。围绕这个问题,学者从理论和经验层面进行了积极的探索,为对外直接投资提升自主创新能力的研究提供了新的思路。

2.2.1 发展中国家(地区)对外直接投资提升自主创新能力的理论研究

2.2.1.1 从本土创新视角出发的技术当地化理论

英国学者拉奥(Lall)以印度跨国公司的竞争优势和对外直接投资动机为研究对象,在对欠发达国家跨国企业逐渐增多的海外经营活动进行详细考察的基础上,提出了技术地方化理论,并试图以该理论解释欠发达经济体的对外直接投资行为。拉奥认为,欠发达经济体海外跨国公司的技术虽然表现为标准化、小规模和劳动密集型等特征,但这些跨国公司在其对外直接投资过程中,以及相应的研究开发过程中却包含着企业自身的内在创新活动,因此具有适应欠发达国家经济发展需要和要素禀赋结构的特定技术优势[1]。技术地方化理论强调欠发达经济体对发达经济体的技术引进不单是被动的模仿和复制,而是对引进的国外先进技术加以消化、吸收、改进和进一步创新。正是这种欠发达经济体内在的创新活动,使得引进国外技术拥有

---

[1] LALL S. The new multinationals: the spread of third world enterprises [M]. New York: John Wiley & Sons, 1983.

了新的活力，也为引进该技术的当地企业带来了新的竞争优势，从而使得欠发达经济体的企业能够在本国市场和邻国市场上具有相对较强的创新能力。在形成"适宜性"的当地化技术的基础上，欠发达经济体的企业对其他欠发达国家进行对外直接投资，以便在开拓国际市场的同时进一步降低生产成本。在这一过程中，对外直接投资企业通常要根据东道国的特定环境对产品进行开发和改进，这种适应性改进增加了对母国研发的需求，促进了母国自主创新能力的提升。

技术地方化理论不仅分析了欠发达经济体存在哪些国际竞争优势，而且更重要的是指出了导致竞争优势产生的原因——企业所特有的以满足技术"适宜性"为目的的本土化创新活动。该理论将学界对欠发达经济体跨国公司的研究引向了微观层次，证明了欠发达国家跨国企业以比较优势参与国际生产和经营活动的可能性。但是，技术地方化理论仅分析了欠发达国家对其他欠发达国家的直接投资，却丝毫没有提及欠发达国家为了获取先进技术、知识而对发达国家进行的直接投资。因此，在该理论中，尽管欠发达国家的对外直接投资在一定程度上提升了其自主创新能力，但却始终停留在较低的水平上。事实上，技术地方化理论中所指的自主创新能力仅涉及引进、消化、吸收再创新的能力，并没有讨论集成创新和原始创新等更重要的自主创新能力。随着欠发达国家的经济发展程度不断提高，技术水平日益接近国际技术前沿，对本国集成创新和原始创新能力也提出了越来越高的要求，这时，技术地方化理论就已经不再适用了。

2.2.1.2　从全球网络视角出发的 LLL 理论

技术地方化理论特别强调发展中国家对引进技术进行的"适宜性"改进，却忽略了这些国家积极主动的技术搜寻和获取过程。随着经济全球化进程不断加快，全球化生产网络为发展中国家主动以对发达国家投资的方式获取先进技术、知识提供了可能。澳大利亚学者马修（Mathews）在对新兴市场国家一批不同行业的跨国公司进行详细比较研究的基础上归纳出了 LLL 理论，以便能够更好地解释亚洲新兴发展中国家的快速国际化进程[①]。LLL 理论是依托三个核心概念构建的，分别为关系（linkage）、杠杆（leverage）以及学习

---

① MATHEWS J A. Dragon multinationals：new players in 21st century globalization［J］. Asia pacific journal of management，2006，23（1）：5－27.

(learning)。

　　作为最基础概念的关系通常包含两方面含义：一方面，已经建立起来的经济、文化和民族关系能够带动发展中国家的跨国公司开展对外直接投资。马修认为，经济全球化导致全球生产、创新网络的形成，在全球生产和创新网络的拉动下，得益于沟通和交流的畅通，发展中国家的跨国公司能够凭借低信息成本的优势实施快速的国际化发展战略。另一方面，对外直接投资也是一个建立并强化关系的过程。发展中国家的跨国公司通过战略联盟、合资、并购等形式的对外直接投资实现本国经济的快速发展，同时搭建构筑长期合作伙伴关系、获取先进科学技术、知识并以此提升自身创新能力的桥梁。

　　杠杆是指发展中国家的跨国公司积极利用自己的各种关系网络作为杠杆撬动网络伙伴所拥有的高端技术、知识①。

　　学习是指关系建立以后，发展中国家的跨国公司能够进行系统化组织学习，以此夯实自己的知识基础，进而实现对发达国家的技术追赶。马修认为，对于发展中国家而言，实现技术赶超、增强自主创新能力最快和最好的方式是通过与世界跨国公司建立联系，捕捉全球经济发展机遇，接触全球研发资源，然后利用这些联系克服自己发展创新的资源壁垒，最后在不断的组织学习过程中，培养并利用自身的创新能力，进一步加速国际化进程，以实现对外直接投资与本国自主创新的良性互动。

　　LLL 理论以全球网络为切入点，强调发展中国家独特的国际化进程，特别关注通过对外直接投资嵌入全球网络，以获取并学习知识、增强本国自主创新能力的过程，同时还考虑到了知识扩散的外部规模经济和内部规模经济，有成为解释新兴发展中国家快速国际化问题主要范式的趋势。但是，这个理论目前看还比较粗糙，只是搭建了一个分析发展中国家对外直接投资提升自主创新能力的概念框架，缺乏对三个核心概念之间的有机联系以及具体作用机制的深入探讨，也不能为政策制定者提供切实可行的、具有操作性和针对性的政策建议。此外，LLL 理论重点关注的是技术、知识交流平台的搭建过程，并在此基础上较好地解释了发展中国家企业的自主创新能力，由引进、消化、吸收再创新向集成创新转变的进程，但是对建立联系之后自主创新能

---

① 吴波. 跨国公司 FDI 的知识获取动机与机理研究述评 [J]. 外国经济与管理，2012 (4)：19-28.

2 文献综述

力的进一步培育,特别是如何实现由集成创新向原始创新的转变所言甚少,因此,无法完整地描述发展中国家的技术赶超进程。鉴于上述两点不足,该理论还需要进一步的补充完善。

2.2.2 发展中国家(地区)对外直接投资提升自主创新能力的经验研究

在以母国全要素生产率为自主创新能力衡量指标的研究中,在宏观层面的数据方面,通过使用主成分回归方法对中国2003—2014年的时间序列数据进行分析,陈强等发现尽管存在显著的对外直接投资正向技术溢出效应,但其程度较低[1]。基于2003—2015年中国省级面板数据,杜龙政和林润辉构建了分析对外直接投资技术溢出的面板门槛模型。他们发现,对外直接投资技术溢出存在显著的双门槛效应,2005年以后中国进入创新启动阶段,技术溢出的正效应非常显著,随着2015年中国进入创新加速阶段,技术溢出的正效应进一步增强,从创新启动到创新加速阶段,对外直接投资对中国自主创新能力的边际影响呈递增趋势[2]。通过使用广义矩估计方法对中国2003—2009年省级面板数据进行分析,李梅和柳士昌发现对外直接投资的正向技术溢出效应仅发生在东部较发达地区[3]。在微观层面的数据方面,杨等使用了双重差分法对中国1998—2007年制造业企业数据进行检验,发现中国对外直接投资对母国自主创新的正向技术溢出效应非常明显[4]。

在以研发投入作为自主创新能力衡量指标的研究中,陈等使用两阶段最小二乘法分析了新兴市场国家493家跨国公司2000—2008年的数据,发现新

---

[1] 陈强,刘海峰,汪东华,等. 中国对外直接投资能否产生逆向技术溢出效应?[J]. 中国软科学,2016(7):134-143.

[2] 杜龙政,林润辉. 对外直接投资、逆向技术溢出与省域创新能力:基于中国省际面板数据的门槛回归分析[J]. 中国软科学,2018(1):149-162.

[3] 李梅,柳士昌. 对外直接投资逆向技术溢出的地区差异和门槛效应:基于中国省际面板数据的门槛回归分析[J]. 管理世界,2012(1):21-32.

[4] YANG Y P, WU Z H, CHEN Y T. Learning by outward FDI: evidence from Chinese manufacturing enterprises [J]. Panoeconomicus, 2017, 64(4): 401-421.

兴市场国家对外直接投资对其国内研发能力有非常明显的正向影响[1]。林和叶使用内生转换模型对中国台湾电子产业 7 336 家企业 1997—1998 年的数据进行统计分析，发现对外直接投资对企业在其本土的研发能力有明显的正向影响[2]。杨等使用广义矩估计法对台湾地区 540 家制造业企业 1997—2005 年的数据进行检验，发现台湾地区企业对大陆的直接投资显著促进了其本土研发支出的增长。陈和杨使用倾向得分匹配法对台湾地区 5 万多家企业 1992—2005 年的面板数据进行检验，证实了台湾地区企业对相对低收入国家的投资对其本土创新能力有明显的促进作用。

在以研发产出作为自主创新能力衡量指标的研究中，在授权专利数量指标方面，李等使用广义矩估计法对中国 2003—2011 年的省级面板数据进行检验，发现对外直接投资对各省的专利授权量有非常明显的正向影响[3]。在产品创新指标方面，林和林分别使用 Logit 方法和负二项回归方法对台湾地区 3 356 家公司 1998—2000 年的数据进行分析，发现与内向型国际直接投资和进出口相比，对外直接投资对本土产品创新的促进效应更为强烈[4]。贾格迪姆和黑兹使用倾向得分匹配法分析了巴西 110 家跨国公司 2011 年和 2014 年的数据，发现对外直接投资对巴西自主创新能力的促进作用仅表现在更高水平的产品新奇性上[5]。在质量改进指标方面，杜威剑和李梦洁使用倾向得分匹配法对中国 160 836 家企业 2001—2006 年的数据进行统计分析，发现中国企业对外直接投资显著提高了企业出口产品的质量[6]。在对哥斯达黎加 31 家跨国公

---

① CHEN V Z, LI J, SHAPIRO D M. International reverse spillover effects on parent firms: evidences from emerging – market MNEs in developed markets [J]. European management journal, 2012, 30 (3): 204 – 218.

② LIN H L, YEH R S. The interdependence between FDI and R&D: an application of an endogenous switching model to taiwan's electronics industry [J]. Applied economics, 2005, 37 (15): 1789 – 1799.

③ LI J, STRANGE R, et al. Outward foreign direct investment and domestic innovation performance: evidence from China [J]. International business review, 2016, 25 (5): 1010 – 1019.

④ LIN H L, LIN E S. FDI, trade, and product innovation: theory and evidence [J]. Southern economic journal, 2010, 77 (2): 434 – 464.

⑤ JARDIM P E, RUIZ A U. Does internationalization matter? comparing the innovative performance of brazilian multinational and non – multinational companies [J]. Transnational corporations review, 2018, 10 (4): 333 – 358.

⑥ 杜威剑, 李梦洁. 对外直接投资会提高企业出口产品质量吗: 基于倾向得分匹配的变权估计 [J]. 国际贸易问题, 2015 (8): 112 – 122.

司的经理进行问卷调查和结构性面对面访谈的基础上,佩雷斯和诺奎拉证实企业的对外直接投资显著提升了母国产品和服务的质量①。

一些学者结合研发投入和产出构建了衡量自主创新能力的新指标。韩先锋等将创新视为一个投入产出过程,以专利申请授权量作为创新活动的产出指标,以研发人员全时当量和研发经费作为创新活动的投入指标,采用随机前沿方法测算了创新效率②。他们对中国 2004—2015 年的省级面板数据进行了门槛估计,发现对外直接投资显著提升了国内的创新效率,但这种正向影响在环境规制约束下表现出"倒 U 形"的非线性变动规律。

还有一些学者认为,应当分别探讨不同类型对外直接投资对自主创新能力的提升作用。林等依据投资国与东道国的相对人均收入水平,将对外投资类型划分为防卫型对外直接投资、扩张型对外直接投资以及防卫和扩张型对外直接投资。他们使用倾向得分匹配法对台湾地区 5 599 家制造业公司 2001 年和 2006 年的数据进行统计分析,发现三种类型的对外直接投资都对企业创新能力有显著的正向影响,但扩张型对外直接投资对创新能力的提升效果要大于防卫型对外直接投资以及防卫和扩张型对外直接投资③。洪等使用单阈值效应模型检验了中国 2004—2014 年省级面板数据,发现扩张型对外直接投资显著提升了国内的创新绩效④。普拉德汗和森吉(Pradhan,Singh)对印度汽车行业 436 家公司 1988—2008 年的非平衡面板数据进行了 Tobit 回归,发现对外直接投资对印度企业的自主创新能力有正向影响,且扩张型对外直接投资的正向影响比防卫型对外直接投资更加明显⑤。

---

① PEREZ R P, NOGUEIRA C G. Outward FDI from small developing economies: firm level strategies and home - country effects [J]. International journal of emerging markets, 2016, 11 (4): 693 – 714.

② 韩先锋,惠宁,宋文飞. OFDI 逆向技术溢出效应提升的新视角:基于环境规制的实证检验 [J]. 国际贸易问题, 2018 (4): 103 – 116.

③ LIN H L, HSIAO Y C, LIN E S. Do different types of FDI strategies spur productivity and innovation capability growth?: evidence from taiwanese manufacturing firms [J]. Journal of business economics and management, 2015, 16 (3): 599 – 620.

④ HONG J, ZHOU C Y, et al. Technology gap, reverse technology spillover and domestic innovation performance in outward foreign direct investment: evidence from China [J]. China & world economy, 2019, 27 (2): 1 – 23.

⑤ PRADHAN J P, SINGH N. Outward FDI and knowledge flows: a study of the indian automotive sector [R]. ISID Working Paper, 2008 No10.

2.3 对外直接投资提升自主创新能力的基础研究框架

通过前两节对文献的梳理可以发现，发达国家对外直接投资提升自主创新能力的研究，完全没有考虑到发展中国家特别是中高收入国家出于技术赶超目的而进行的对外直接投资，因而也就不可能分析中高收入国家对外直接投资对自主创新能力的提升效果。发展中国家对外直接投资提升自主创新能力的研究，尽管把握了后发国家进行技术赶超的迫切需要，却集中于探讨从"跟跑"到"并跑"的技术追赶问题，忽略了对于中高收入国家更为重要的从"并跑"到"领跑"的技术超越问题，从而限制了其理论解释力。由于对技术赶超过程的研究并不完整，因此迄今为止学界仍没有建立一个研究发展中国家对外直接投资提升自主创新能力的系统而严密的分析框架。要构建适用于中国的对外直接投资提升自主创新能力的理论，必须寻找一个在内在逻辑和作用机理上较为符合中国经济发展实践的理论分析框架，并对其进行中国化的修正以刻画中高收入国家的典型特征。质量阶梯产品周期模型提供了一个较为合适的基础性理论分析框架。

1966年，美国学者弗农（Vernon）在一篇种子文献中提出了包含引入、成熟、衰退三个阶段的产品生命周期理论，以解释产业内贸易和国际投资的变动。随着生产技术逐渐标准化，产品生产和出口也由发达国家转移到不发达国家，这时，新产品的生命周期又以同样的方式在母国开始[1]。随后，一些学者在将创新内生化的同时成功地把弗农的基本思想整合进动态一般均衡模型中，构建了质量阶梯产品周期模型的基本框架[2][3][4]。

---

[1] VERNON R. International investment and international trade in the product cycle [J]. The quarterly journal of economics, 1966, 80 (2): 190 – 207.

[2] KRUGMAN P R. Increasing returns, monopolistic competition, and internatinal trade [J]. Journal of international economics, 1979, 9 (4): 469 – 479.

[3] GROSSMAN G M, HANSBERG E R. Task trade between similar countries [J]. Econometrica, 2012, 80 (2): 593 – 629.

[4] GLASS A J. Product cycles and market penetration [J]. International economic review, 1997, 38 (4): 865 – 891.

2 文献综述

质量阶梯产品周期模型能够研究创新、技术扩散与贸易和投资模式的动态演化关系。在这个系列模型中，表现为产品质量不断改进的创新活动最早都在发达国家开展，随后，生产技术逐渐标准化，技术由发达国家扩散至不发达国家。在质量阶梯产品周期模型中，产品周期实际上是创新和技术扩散周期，对外直接投资则起到了技术扩散渠道的作用。由于不发达国家有更低的生产成本，发达国家出于降低成本考虑而对不发达国家的直接投资使技术扩散到不发达国家，因而同一质量水平的产品在发达国家生产将逐渐变得无利可图。这时发达国家只能对产品质量开展进一步的创新活动，以重新获得竞争优势。对外直接投资通过技术扩散的直接效应和影响生产要素相对价格的间接效应，提升了母国的自主创新能力。

2.3.1 基本的质量阶梯产品周期模型

本部分以格拉斯和萨吉（Glass, Saggi）以及格拉斯和吴的论文为基础，介绍质量阶梯产品周期模型的一个简化版本，以便能够抓住模型的核心思想，将基本模型进行一系列扩展和修正但并不会改变模型的基本结论①②。

2.3.1.1 消费者问题

假定消费者从 $j \in [0,1]$ 的产品连续统中选择所消费的商品。质量为 m 的商品 j 提供的质量水平量化为 $q_{m(j)} \equiv \lambda^m, \lambda > 1$。在初始期所有商品的质量都为 0，所以初始期商品的质量水平量化为 1，之后每次质量改进都使商品的质量提升 λ 倍。

国家 i 的消费者（$i \in \{N, S\}$）的偏好是跨期可分的，用效用函数表示为：

$$U_i = \int_0^\infty e^{-\rho t} \log u_i(t) \, dt \tag{2-1}$$

其中，ρ 为世界范围内共同的主观折现率，瞬时效用函数的形式为：

$$\log u_i(t) = \int_0^1 \log \sum_m (\lambda^m) x_{im}(j,t) \, dj \tag{2-2}$$

---

① GLASS A J, SAGGI K. Intellectual property rights and foreign direct investmnet [J]. Journal of international economics, 2002, 56 (2): 387–410.

② GLASS A J, WU X D. Intellectual property rights and quality improvement [J]. Journal of development economics, 2007, 82 (2): 393–415.

$x_{im}(j,t)$ 是在时期 t 国家 i 的消费者对质量为 m 的商品 j 的消费量。

消费者在一生预算约束下最大化效用水平,为方便起见,假定消费者只有工资收入,则一生预算约束为:

$$\int_0^\infty e^{-R(t)} E_i(t) dt \leq \int_0^\infty e^{-R(t)} Y_i(t) dt \qquad (2-3)$$

$R(t) = \int_0^t r(s)$ 为 0 到 t 时期的累积利息率,$Y_i(t) = L_i w_i(t)$ 为国家 i 消费者劳动收入的加总,$w_i(t)$ 为时期 t 国家 i 的工资率。国家 i 的消费者加总的支出为:

$$E_i(t) = \int_0^1 \left[\sum_m p_m(j,t) x_{im}(j,t) \right] dj \qquad (2-4)$$

$p_m(j,t)$ 是时期 t 质量为 m 的产品 j 的价格,$E_i(t)$ 是国家 i 的消费者支出的加总,世界总支出可以表示为 $E(t) = E_N(t) + E_S(t)$。假定自由贸易,则任何时间任何地点商品价格水平都是相等的。

消费者效用最大化问题可分为三个阶段进行处理。第一阶段,财富在一生中各个时期的分配;第二阶段,每一时点支出在不同商品之间的分配;第三阶段,在每一时点上针对每一种商品支出在不同质量间的分配。在最后一阶段,由于不同质量的商品是完全替代的,消费者只会将其支出花费在能够提供最低质量调整价格 $p_m(j,t)/\lambda^m$ 的商品,将该商品的质量记为 $m^*(j,t)$。如果不同质量的商品质量调整之后的价格相等,则假定消费者会选择质量更高的商品。

在第二阶段,因为不同商品之间替代弹性为 1,消费者会将支出均匀地散布在所有种类的商品上,因此 $E_i(j,t) = E_i(t)$。消费者对质量为 $m^*(j,t)$ 的商品 j 的需求量为 $x_{im^*}(j,t) = E_i(t)/p_{m^*}(j,t)$,对其他质量的同类商品需求量为 0。在第一阶段,消费者将支出均匀地散布在各个时期,因此 $E_i(t) = E_i$,从而有 $r(t) = \rho, R(t) = \rho t$。因为效用函数是跨期可分的,而且价格水平在均衡时不随时间变化,因此有 $\log p_{m^*}(j,t) = \log p_{m^*}(j)$。

2.3.1.2 研发问题

消费者对更高质量商品的评价溢价为企业创新提供了基本动力。为了生产更高质量的商品,企业必须首先投资进行研发,就单个企业而言,研发可能成功也可能失败。假定创新成功率服从连续泊松过程:在任何微小的时间

段 dt，为了实现 τdt 的成功概率，企业需要承担的研发强度为 τ，需要投入的劳动为 $a\tau dt$ 单位。在创新活动中进行更多的投资能够提高创新成功率，但没有任何的投资能够确保创新成功。

除了研发以外，北方企业还可以通过对南方进行直接投资变成跨国公司。假设对外直接投资需要对原有技术进行改良，改良过程类似于创新过程，单位强度的研发需要劳动 a_N 单位，单位强度的改良需要劳动 a_F 单位。此外，南方企业还能对北方企业和跨国企业的产品进行模仿。假定模仿北方企业的固定投入为 $(1+\kappa)a_S$ 单位；模仿跨国企业的固定投入为 $(1+\kappa)\gamma a_S$ 单位，$\gamma<1$。相应的创新、改良、模仿的投入强度表示为 $\iota_N, \iota_F, \iota_{SN}, \iota_{SF}$。

就创新过程而言，假定产品质量改进是无止境的，仅当前的创新投入决定创新的成功率。任何时期企业就质量提升进行研发竞赛，而研发部门是自由进入的。为了简化起见，假定北方的跟随者不会进行研发，即只有北方的领导者有能力研发，同时假定每一次产品质量提升足够大，因此北方领导者只有当其产品被南方企业模仿后才会进行创新。企业在产品市场上进行伯川德竞争，因此，均衡时任何产品只由一家企业进行生产。

企业进行研发/模仿需要花费的成本为 $w_i a_i dt$，期望收益为 $v_i \iota dt$。v 是创新/模仿成功的企业在股票市场上的价值。企业会根据研发/模仿的成本和收益决定最优投入，令 $w_S=1$（则 w_N 代表了北方和南方的相对工资水平），均衡时有以下无套利条件：

$$v_N = w_N a_N \qquad (2-5)$$

$$v_{SN} = (1+\kappa)a_S \qquad (2-6)$$

$$v_{SF} = (1+\kappa)\gamma a_S \qquad (2-7)$$

$$v_F - v_N = a_F \qquad (2-8)$$

2.3.1.3 生产问题

南方企业仅面对北方企业的创新威胁，因为生产成本已经不可能继续降低。北方企业和跨国企业仅面对南方企业的模仿威胁，因为对在位者而言进一步创新的收益被假定为不够弥补研发成本。据此可以得到四类企业价值的表达式：

$$v_N = \pi_N/\rho + \iota_{SN} \qquad (2-9)$$

$$v_F = \pi_F/\rho + \iota_{SF} \qquad (2-10)$$

$$v_{SN} = \pi_{SN}/\rho + \iota_N \qquad (2-11)$$

$$v_{SF} = \pi_{SF}/\rho + \iota_N \tag{2-12}$$

劳动是生产过程唯一需要的生产要素，假定生产规模报酬不变且对北方企业和南方企业而言，生产一单位商品需要一单位劳动。对于跨国公司而言，海外经营通常要面对比东道国企业更高的生产成本，假定其生产一单位商品需要 ζ 单位劳动，$\zeta > 1$。在伯川德竞价规则下，对北方创新企业而言，最优定价策略为使产品价格等于质量增进幅度乘以其竞争对手的边际成本，即为 $p_N = \lambda$，市场销量为 $x_N = \frac{E}{\lambda}$，边际成本为 w_N，瞬时利润为 $\pi_N = E\left(1 - \frac{w_N}{\lambda}\right)$。对跨国企业而言，产品定价为 $p_F = \lambda$，市场销量为 $x_F = \frac{E}{\lambda}$，边际成本为 ζ，瞬时利润为 $\pi_F = E\left(1 - \frac{\zeta}{\lambda}\right)$。对以北方企业为模仿对象的南方企业而言，产品定价为 $p_{SN} = w$，市场销量为 $x_N = \frac{E}{w}$，边际成本为1，瞬时利润为 $\pi_{SN} = E\left(1 - \frac{1}{w}\right)$。对以跨国企业为模仿对象的南方企业而言，产品定价为 $p_{SF} = \zeta$，市场销量为 $x_{SF} = \frac{E}{\zeta}$，边际成本为1，瞬时利润为 $\pi_{SF} = E\left(1 - \frac{1}{\zeta}\right)$。若均衡时四类企业都存在，则需要满足条件：$\lambda > w_N, \lambda > \zeta, \zeta > 1, w_N > 1$。

2.3.1.4 市场出清问题

令 n_N, n_F, n_{SN}, n_{SF} 分别表示北方企业生产的产品种类，跨国企业生产的产品种类，以北方企业为模仿对象的南方企业生产的产品种类，以跨国企业为模仿对象的南方企业生产的产品种类占总产品种类的份额，并且定义南方企业生产的产品种类所占份额为 $n_S = n_{SN} + n_{SF}$。在每个国家，固定数量的劳动供给被分配于研发/模仿和生产，有北方和南方的劳动市场出清条件：

$$a_N \iota_N n_S + n_N \frac{E}{\lambda} = L_N \tag{2-13}$$

$$(1 + \kappa) a_S [l_{SN} n_N + \gamma \iota_{SF} n_F] + a_F \iota_F n_N + \left[\frac{n_{SN}}{w_N} + \frac{n_{SF}}{\zeta} + \frac{n_F}{\lambda}\right] E = L_S \tag{2-14}$$

稳定状态的市场出清条件还要求各种类型的企业数量保持固定，即流入和流出某类企业的数量相当，因此需要有：$\iota_F n_N = \iota_{SF} n_F, \iota_{SF} n_F = \iota_N n_{SF}, \iota_{SN} n_N = \iota_N n_{SN}, n_S + n_F + n_N = 1$。至此，整个模型构建完成。

进一步分析稳定状态的均衡解并研究对外直接投资对创新的影响。将各类企业的瞬时利润表达式代入式 (2-9) ~ (2-12) 并与式 (2-5) ~ (2-8) 结合起来,整理得到以下四个方程:

$$E\left(1 - \frac{w_N}{\lambda}\right) = w_N a_N (\rho + \iota_{SN}) \quad (2-15)$$

$$E\left(1 - \frac{\zeta}{\lambda}\right) = (a_F + w_N a_N)(\rho + \iota_{SF}) \quad (2-16)$$

$$E\left(1 - \frac{1}{w_N}\right) = (1 + \kappa) a_S (\rho + \iota_N) \quad (2-17)$$

$$E\left(1 - \frac{1}{\zeta}\right) = (1 + \kappa) \gamma a_S (\rho + \iota_N) \quad (2-18)$$

结合式 (2-13) 和 (2-14) 得到了由 6 个方程构成的经济系统。

为了便于讨论,假定 $\iota_{SN} = 0$,即完全没有以北方企业为模仿对象的南方企业,因此 $n_{SN} = 0$。于是有:$\iota_F n_N = \iota_{SF} n_F = \iota_N n_{SF}$,此时,北方企业的创新速率等于跨国企业国际化速率(对外直接投资速率)等于以跨国企业为对手的南方企业的模仿速率。因此,任何促进对外直接投资,导致企业国际化速率提高的参数变动(如 a_F 降低)都会造成创新率和南方模仿率同时上升。接下来放松假定条件,令 $\iota_{SN} \neq 0$,格拉斯和吴证明,在跨国企业数量足够多的情况下,增加对外直接投资仍然能够提升创新速率①。

这个简单的动态—一般均衡模型,充分说明了对外直接投资提升自主创新能力的机制。在质量阶梯产品周期模型中,南北方生产要素的价格差异是企业进行对外直接投资的前提条件。对于北方企业而言,对外直接投资和自主创新都是企业增强竞争力的手段,对外直接投资降低了生产成本,自主创新则提高了产品质量。对于南方企业而言,北方企业的对外直接投资还是技术转移的渠道,为南方企业进行模仿提供了技术来源。因此,更多的对外直接投资一方面增强了成本节约型发展战略的吸引力,对北方企业提出了进一步创新的迫切要求;另一方面增加了南方企业的知识储备,提高了其模仿速率,更高的模仿速率进一步侵蚀了北方企业的利润,迫使北方企业加紧进行研发,从而提高了创新速率。

2.3.2 质量阶梯产品周期模型的扩展

上述基本模型从成本节约和纵向技术转移的角度搭建了分析对外直接投

---

① GLASS A J, WU X D. Intellectual property rights and quality improvement [J]. Journal of development economics, 2007, 82 (2): 393-415.

资提升自主创新能力的基本框架,陆(Lu)和迪诺普洛斯(Dinopoulos)等分别从异质性产业和递增性创新成本的角度对基本模型进行了扩展,进一步丰富了模型的整体结构,使其更具解释力。

陆认为,质量阶梯产品周期模型可以推广到产业层面,但并非对所有产业都适用①。现实中有一些产业不断呈现生命周期的循环过程,但还有一些产业仅限于在本地发展,并没有表现出生命周期的特征。陆创造性地以 λ 服从均匀分布的形式将产业异质性引入了基本模型。陆指出,基本模型中的 λ 从消费侧看代表了消费者对不同质量产品的偏好,但从生产侧看则代表了不同产业的研发生产率。通过将 λ 修正为代表产业异质性的变量,陆分别讨论了在不同研发生产率的产业中对外直接投资对自主创新能力的提升效果。在研发生产率比较低的产业,创新所带来的收益也较低,通过对外直接投资降低生产成本是更有效的竞争战略,一旦生产转移到低成本的国家,这些行业将不会再有创新,技术将停留在跨国公司当前的水平,因此,在这些产业,对外直接投资不会提升自主创新能力;在研发生产率中等的产业,创新和对外直接投资都是增强企业竞争力的手段,影响机制与经典模型中相同,对外直接投资能够通过竞争效应促进自主创新;在研发生产率高的产业,对北方企业而言,对外直接投资实际上不会发生,这些产业的创新相当于在封闭环境下进行,与对外直接投资没有关系。通过将生命周期理论由产品推广到产业层面,基本的质量阶梯产品周期模型实际上成为陆的模型中的一个特例。

尽管基本的质量阶梯产品周期模型以一种非常简洁有效的方式捕捉了对外直接投资提升自主创新能力的理论机理,但其关于规模效应②的结论却没有得到经验研究的支撑。为了解决这一问题,迪诺普洛斯等对基本模型进行了修正③。他们将研发成本系数 a 表示为产品质量的函数,并假定随着产品质量的提高,研发成本系数逐渐上升,即新的更高质量的创新越来越困难。在这个核心假设下,他们将人口增长率作为外生变量构建了一个半内生的动态一般均衡模型。由于新发明的成本越来越高,他们的模型得以避开了规模效应

---

① LU C H. Moving up or moving out? a unified theory of R&D, FDI, and trade [J]. Journal of international economics, 2007, 71 (2): 324-343.

② 国家经济规模越大,创新率和对外直接投资率也越高。

③ DINOPOULOS E, SEGERSTROM P. Intellectual property rights, multinational firms and economic growth [J]. Journal of development economics, 2010, 92 (1): 13-27.

的问题。然而，这个半内生模型却引起了另外一个严重的问题——均衡时的创新速率仅取决于外生的人口增长率和质量改进参数 λ。因此，对外直接投资率的变化不会对创新率产生任何影响。这与绝大多数经验研究得出的对外直接投资提升自主创新能力的结论不相符。从这个意义上说，尽管迪诺普洛斯等人对基本模型的修正规避了容易引起争论的规模效应问题，却撼动了原有模型的基本内核。

弗农以产品技术周期为主线将贸易、对外投资和创新联系起来，为学者研究对外直接投资提升自主创新能力提供了新的分析思路①。但囿于当时数学工具的不足，弗农没有将他的思想整合进当时主流的贸易理论当中。随后，克鲁格曼、格罗斯曼和赫尔普曼等学者将弗农的基本思想整合进开放经济条件下内生创新的动态一般均衡模型，奠定了质量阶梯产品周期模型的基本架构。这一系列模型有三个优势。

第一，为对外直接投资提升自主创新能力的相关研究提供了一个简洁系统的分析框架。长期以来，对外直接投资提升自主创新能力的相关研究都附属于跨国公司理论，是跨国公司国际投资行为所产生的母国效应中的一种。跨国公司理论多从微观层面入手，较多地探讨了对外直接投资的动机、方式和影响因素，而缺乏对影响效果的系统考察。实际上，自主创新能力不是各跨国公司创新能力的简单累加，而是在一个协作系统中生成的，因而必须在一个创新系统的环境中进行考察。质量阶梯产品周期模型通过一般均衡模型将对外直接投资与生产要素配置、产品市场竞争和企业创新行为结合起来，从而使我们能够全面探讨对外直接投资对自主创新能力的提升效果。此外，尽管质量阶梯产品周期模型仍然立足于发达国家，主要用来研究发达国家对外直接投资对其自主创新能力的提升作用。但该模型揭示的国家之间进行创新竞赛的基本架构，以及对外直接投资的直接技术扩散效应和间接资源配置效应却具有普遍适用性，为学者依据经济发展阶段将发展中国家进一步划分为中高收入国家和中低收入国家，并将中高收入国家的自主创新和对外直接投资行为引入模型提供了可能。这样，我们就可以探索对外直接投资提升自主创新能力的机制和效果在中高收入国家中会发生怎样的改变，从而进一步

---

① VERNON R. The product cycle hypothesis in a new international environment [J]. Oxford bulletin of economics and statistics, 1979, 41 (4): 255 – 267.

扩大质量阶梯产品周期模型的适用范围，增强其理论解释力。

第二，把创新、对外直接投资和贸易贯穿为一个逻辑统一的整体。创新和贸易、投资不再是孤立不相关的理论，而是一个系统理论的内在组成部分。创新和对外直接投资都是增强企业竞争力的战略考量，创新提升了产品质量，对外直接投资则降低了生产成本，两者既对立又统一。提升产品质量的创新将低成本产品逐出市场，而在创新力度不够时，低成本的生产也可以将高质量产品逐出市场。但是，创新与对外直接投资又是统一的，没有与对外直接投资相应的低成本战略，创新就失去了动力；没有创新，低成本战略获得的暂时性优势最终也会耗尽。这个统一的框架将对外直接投资与创新紧密联系在一起的同时，也将新国际贸易理论与新增长理论联系起来，开阔了研究者的视野，为学者分析与对外直接投资和自主创新相关的，如失业、福利、知识产权、产业结构等问题提供了基本的分析工具。

第三，模型逻辑清晰、结构比较简单，便于进行形式化处理。以垄断竞争模型为基础的质量阶梯产品周期理论模型，虽然涉及了产品、要素、金融等市场均衡问题，但在各个市场上进行局部均衡分析都比较简单，能够较容易地得出一般均衡结果。进一步的，稳定状态均衡在该模型下很容易满足，我们直接可以分析稳态均衡的问题，而无须担心稳态均衡是否存在。与之相比，以同质产品为基础的寡头贸易模型，尽管能够对企业战略和互动关系进行更清晰的描绘，但其动态均衡问题却很难处理，甚至可能得不到稳定状态的均衡解。

但是，质量阶梯产品周期模型仍然存在一些缺陷和不足。

第一，该理论中跨国公司并不进行创新，创新完全由发达国家的国内企业完成。在当今世界绝大多数研发支出都由跨国公司承担的情况下，显然是非常不现实的假定。实际上，在质量阶梯产品周期基本模型中，企业进行对外直接投资的动机仅是利用东道国较低的要素成本，技术也是由发达国家向不发达国家单向转移的，因此，对外直接投资对自主创新能力的提升作用是相对间接的，由于发达国家在创新能力上的优势地位，模型并没有探讨对外直接投资对母国自主创新能力的直接提升作用。

第二，模型并没有考虑水平型对外直接投资的情况。质量阶梯产品周期模型适用的典型条件为发达国家对发展中国家进行的垂直型对外直接投资，没有涉及发展水平相近的国家之间水平型对外直接投资的情况。由于当今世

2 文献综述

界大部分对外直接投资以水平形式存在,水平型对外直接投资又与市场规模效应和知识溢出效应直接相关,忽略了这种类型的对外直接投资使得模型忽略了对外直接投资提升自主创新能力的另一种重要机制。

第三,模型没有考虑发展中国家进行技术赶超的可能性。质量阶梯产品周期模型预先假定了发达国家在技术创新上有绝对优势,因此发展中国家即使投资进行自主研发,也没有足够的能力与发达国家竞争,反而会造成资源的无效率配置。其实,质量阶梯产品周期模型所设定的对外直接投资提升自主创新能力的机理,排除了发展中国家进行技术赶超的可能。初始期发达国家的研发效率要高于发展中国家,由于技术总是由发达国家向发展中国家进行单向转移,在任一时点,发达国家的知识存量都多于发展中国家,因此发展中国家的研发效率不可能高于发达国家,自然也就不会出现在创新方面对发达国家进行赶超的情况。

2.4 对相关文献的总结性评论

通过以上对相关文献的系统梳理可以发现,国内外学者对于对外直接投资提升自主创新能力的问题进行了积极的探讨,取得了较为丰富的研究成果,但也存在着明显的不足,为今后的研究奠定了坚实的基础,指明了前进的方向。我们将对以往研究取得的成绩以及存在的不足进行总结归纳,并在此基础上提出本文研究的切入点。

2.4.1 以往研究的结论

以往研究的主要结论可以归纳为四点。

第一,在对外直接投资提升自主创新能力的经验研究方面,学界基本上已经达成了共识。尽管国内外学者使用了基于发达国家和发展中国家的多种不同的数据、模型和计量分析方法,但绝大多数经验研究都支持了对外直接投资提升自主创新能力的结论,为学界构建对外直接投资提升自主创新能力的理论提供了充足的经验支撑。

第二,发达国家对外直接投资提升自主创新能力的理论研究明确了对外直接投资提升自主创新能力的机制。尽管国际生产折中理论、边际产业转移理论和知识资本理论,分别从企业经营、国际分工和技术溢出的视角出发构

建了各自的理论体系，但都在不同程度上关注了对外直接投资提升自主创新能力的两种机制：一是优化全球创新资源分配的资源配置机制；二是积极利用学习外部效应的知识溢出机制，为构建理论模型提供了基本思路。

第三，发展中国家对外直接投资提升自主创新能力的理论研究，阐明了发展中国家自主创新能力培育的中前期路径。技术地方化理论强调了在发展初期引进、消化、吸收、再创新的重要作用；LLL 理论探讨了在发展中期后发国家利用对外直接投资广泛建立外部联系，实现由引进、消化、吸收、再创新向集成创新转变的过程。为从理论上研究发展中国家自主创新能力培育的中后期路径指明了方向，即由集成创新向原始创新转变。

第四，质量阶梯产品周期模型以清晰的结构把创新、对外直接投资和贸易模式贯穿为一个逻辑统一的整体。质量阶梯产品周期模型在技术阶梯结构下，以产品质量改进的形式将创新活动进行了内生化处理，捕捉了全球研发过程中国家之间进行激烈创新竞赛的核心特征，通过对外直接投资作为技术转移渠道将不同国家内生化的创新活动联系起来，同时纳入了资源配置机制和知识溢出机制，不仅可以从静态的视角研究技术创新和技术扩散对南北贸易和投资模式的影响，还能够从动态的视角全面探讨创新、对外直接投资和贸易模式的互动关系，具有较强的理论解释力和适用性，搭建了研究中高收入国家对外直接投资提升自主创新能力的基本分析框架。

2.4.2 以往研究的不足

以往研究特别是理论研究的结果尽管可以称得上"异彩纷呈"，但仍然存在三个明显不足，是我们准备重点突破的问题。

2.4.2.1 没有考虑发展中国家积极主动的对外直接投资

发达国家对外直接投资提升自主创新能力的理论没有考虑到发展中国家积极主动的对外直接投资。发达国家对外直接投资提升自主创新能力的理论经过了从单纯对跨国公司对外直接投资行为和结果的局部均衡分析框架，发展到将跨国公司引入静态一般均衡的国际贸易分析框架，再发展到在开放经济中将创新活动内生化的动态一般均衡分析框架的研究过程。理论模型越来越精密、完善，但始终没有能够注意到发展中国家，特别是中高收入国家蓬勃发展的对外直接投资，及其对自主创新能力的提升作用。从理论逻辑看，无论是在边际产业转移理论还是在知识资本理论中，对外直接投资的作用都应当是对称的。对于发达国家而言，对外直接投资具有向发展中国家转移技术的直接效应和优化国内创新资源配置的间接效应。那么，自然而然的，发展中国家也可以利用对外直接投资主动获取技术、知识并积极优化本国的资源配置。

为何发达国家的学者对这种理应对称的理论的另一面却熟视无睹？其原因表面上看源于理论上对跨国公司拥有优势（主要是创新优势）的基本假定，实质上是因为发达国家根本没有适合这种对称理论的另一面成长发展的土壤。发展中国家特别是中高收入国家以对外直接投资为手段，增强自主创新能力是特定经济发展阶段和特定国际经济环境相结合的产物。特定经济发展阶段即为中高收入阶段，在这一阶段，发展中国家通过发展经验的积累已经培育了一些能够参与国际竞争的企业，也有了能够支持大规模对外直接投资的外汇资金，在之前的发展阶段，发展中国家尚无进行大规模对外直接投资的外汇储备。特定国际经济环境一方面指经济全球化的不断加快，国际贸易和投资越来越便利，对外直接投资在国际经济中的作用越来越重要；另一方面则指科技进步的速度加快，国家之间的竞争越来越激烈，在世界技术创新阶梯上，如果没有自主创新能力，随时都可能被处于技术创新阶梯下端的国家所取代。只有在20世纪90年代以后，处于中高收入发展阶段的国家当中，这两个特定因素才异常紧密地结合起来，这些国家的学者也提出了主动利用对外直接投资提升本国自主创新能力的迫切要求。因此，这种理应对称的理论的另一面只能在中高收入国家中产生，否则便会成为"无源之水，无本之木"，不能有充足的理论解释力。

2.4.2.2 没有涉及中高收入国家面临的自主创新结构转换问题

发展中国家对外直接投资提升自主创新能力的理论没有涉及中高收入国家面临的自主创新结构转换的问题。对发展中国家对外直接投资提升自主创新能力的理论研究，到目前为止，学者并没有从有利于理论产生的环境中取得突破性进展。

一方面，技术当地化理论是对发达国家对外直接投资提升自主创新能力理论的本土化简单改进，即在维持跨国公司拥有优势基础的假定情况下，试图对发展中国家跨国公司可能具有的特定优势给出理论解释。这种理论尽管在一定程度上确实能够解释发展中国家对外直接投资对自主创新能力的提升效应，却没有考虑到国家之间在世界技术创新阶梯上你追我赶的激烈竞争。

实际上，技术当地化理论仅探讨了对外直接投资对引进、消化、吸收、再创新的影响。这种单纯从本土化特定优势角度出发建立的理论，无法解释中高收入国家对发达国家直接投资的持续快速增长。因为这些国家的跨国公司所具有的特定优势，并不支持它们向经济发展水平更高的国家和地区进行大规模直接投资。

另一方面，LLL理论抓住了发展中国家利用对外直接投资获取并吸收海外技术、知识的关键性特征，但其结构还比较粗糙。对于三个核心概念之间的有机联系，以及对外直接投资提升自主创新能力的机制缺乏系统、详细的阐释。另外，LLL理论重点关注的是技术、知识交流平台的搭建过程，较好地解释了发展中国家企业的自主创新能力——由引进、消化、吸收、再创新向集成创新转变的过程，但对建立联系后自主创新能力的进一步培育，以及由集成创新向原始创新转变的过程所言甚少，因此，无法完整地描述发展中国家的技术赶超进程。中高收入国家经济发展实践已经为理论研究提供了丰厚的土壤，但发展中国家对外直接投资提升自主创新能力的理论却迟迟没有取得突破性进展。原因在于没有能够将发展中国家对外直接投资提升自主创新能力的理论与中高收入国家最为突出的现实特征紧密结合起来。技术当地化理论和LLL理论的着眼点在于中高收入发展阶段之前发展中国家自主创新能力的培育，即由引进、消化、吸收、再创新向集成创新转变的过程。而对于中高收入国家在技术赶超过程中面临的迫切问题——由集成创新向原始创新转变并没有给予过多的关注。发展中国家诸多跨国企业的发展经验表明，由引进、消化、吸收、再创新能力和集成创新能力带来的竞争优势地位都可能被其他企业所取代，原始创新能力才是支撑中高收入国家实现技术赶超、顺利迈入创新型国家的核心要素。因此，中高收入国家对外直接投资提升自主创新能力的理论，必须直面如何实现由集成创新能力向原始创新能力转换的关键问题。

2.4.2.3 没有探讨约束创新竞争的制度环境

质量阶梯产品周期模型没有将中高收入国家纳入考量范围，更没有探讨约束创新竞争的制度环境。尽管质量阶梯产品周期模型在一个统一的框架中探讨了发达国家和发展中国家之间的创新互动关系，但由于预设了发达国家始终在创新能力上具有比较优势，发展中国家也就永远不可能在技术上领先发达国家，实现由追赶到超越的突破。何茵和马斯库斯甚至认为，由于自主创新能力不足，发展中国家即使进行对发达国家的直接投资，也无法充分获取国外先进的技术、知识①。因此，这个经济系统中只有努力实现技术追赶的中低收入国家的位置，却没有容纳以技术超越为目标的中高收入国家的空间。要使该分析框架能够刻画发展中国家由技术追赶到技术超越的进程，必须对质量阶梯产品周期模型进行适当的修正，将中高收入国家纳入模型，同时也能够进一步拓宽质量阶梯产品周期模型的适用范围，增强这类模型对处于不同经济发展阶段的国家的解释力。此外，质量阶梯产品周期模型本身并没有探讨约束创新竞争的制度环境，其隐含假定为整个经济系统是在完全信息的条件下运行的。而实际上，不完全信息能够对创新竞争产生非常显著的影响。一方面，由于创新活动具有"赢家通吃"的特性，为了顺利获取创新租值，参与研发的企业有充分的理由隐瞒研发信息，因此也有充分的理由搜寻竞争企业的研发信息，这种不完全信息可能造成研发资源的大量浪费；另一方面，各企业之间的研发信息很可能是不对称的，为了尽量降低研发成本需要企业之间的研发合作，这种信息不对称会降低研发活动的整体效率。这种创新竞争中的信息完全程度，受到国家创新体系完善程度特别是协同创新机制的约束。与发达国家相比，发展中国家协同创新的体制机制并不健全，因此，要深入研究中高收入国家对外直接投资对自主创新能力的提升效应，还必须对约束企业间创新竞争的协同创新体制进行详细考察。

2.4.3 本研究的切入点

针对以往研究的不足，借鉴国内外相关的研究成果，本研究在紧密结合中高收入国家典型特征的基础上，对质量阶梯产品周期模型进行中国化修正，纳入中高收入国家的对外直接投资和创新活动中，同时将自主创新能力划分为集成创新能力和原始创新能力，并重点关注对外直接投资促进自主创新结构由集成创新向原始创新转换的过程，尝试构建一个对外直接投资提升中国自主创新能力的一般理论分析框架。此外，我们还将对约束创新竞争的制度环境进行详细考察。通过放松约束条件使模型的运行环境更适合中高收入国

---

① HE Y, MASKUS K E. Southern innovation and reverse knowledge spillovers: a dynamic FDI Model [J]. International economic review, 2012, 53 (1): 279 - 302.

家，能更加深入地研究中高收入国家对外直接投资对自主创新能力的提升效应，也能够对集成创新、原始创新和协同创新之间的关系形成更加清楚的认识。

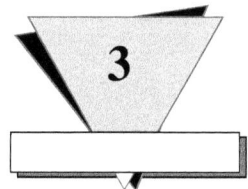

对外直接投资提升中国自主创新能力的一般理论分析框架

3 对外直接投资提升中国自主创新能力的一般理论分析框架

本章的主要目的是论证对质量阶梯产品周期模型进行中国化修正，即纳入中高收入国家及其对外直接投资和自主创新活动，不仅没有违背质量阶梯产品周期模型的基本逻辑，反而在很大程度上拓宽了质量阶梯产品周期模型的适用范围。在此基础上对创新活动中各方预期的协调机制——协同创新的讨论，进一步增强了中国化的模型对处于不同经济发展阶段的国家的解释力。

3.1 质量阶梯产品周期模型的中国化修正：理论分析

3.1.1 对质量阶梯产品周期模型进行中国化修正的依据

质量阶梯产品周期模型中包含两类代表性国家——发达国家和发展中国家。发达国家具有完全的自主创新能力（实际上是原始创新能力），能够自主研发产品，不断提升产品质量，推动前沿技术的扩张；发展中国家没有或还不具有完全的自主创新能力，只能对发达国家转移到本国的产品和技术进行二次创新或改良创新。由于研发和生产活动是可分割的，发展中国家较低的生产成本为发达国家提供了通过对外直接投资转移生产活动的激励，但也不可避免地造成技术、知识在一定程度上扩散到发展中国家。在质量阶梯产品周期模型中，两类代表性国家都不足以有效刻画中高收入国家加快创新型国家建设的经济现实，具体来说，中高收入国家具有四个不同于两类代表性国家的典型特征。

第一，中高收入国家已经具备一定程度的自主创新能力，创新结构也正在向原始创新转变。不同于模型中对发达国家和发展中国家创新能力的设定[1]，经过国内经济发展经验的积累，通过对引进技术的消化、吸收、再创新和集成创新，中高收入国家已经具备了一定的甚至相当强的自主创新能力。例如，根据 2018 年全球创新指数报告，大部分中高收入国家都已经形成了自主创新能力，一些国家还居于世界前列。中国排在世界第 17 位，仅落后于世界创新大国法国（15 位）两位；马来西亚排在第 35 位；罗马尼亚

---

[1] 发达国家的自主创新能力表现为原始创新，不断推动技术前沿的扩张；发展中国家的自主创新能力表现为引进、消化、吸收、再创新。

排在第42位；泰国排在第44位；土耳其排在第50位。在这种情况下，要想支撑国内经济的继续发展，实现对发达国家的技术赶超，就必须积极推动自主创新结构的转变，更多地依赖原始创新。因为无论是引进、消化、吸收、再创新，还是集成创新，都只是对现有技术的发展、融合，是对发达国家创新成果的跟随，本质上都属于二次创新。在后发国家培育自主创新能力的前中期，二次创新的确能够有效缩短与发达国家技术前沿的差距，但却很难进一步实现由并跑向领跑的转变。原始创新是前所未有的重大科学发现、技术发明，是根本层面的创新，能体现一个民族对人类文明进步做出的重大贡献。原始创新具有极强的带动性，能够在对科学技术自身发展产生重大牵引作用的同时，带来经济结构和产业结构的重大变革，是决定后发国家能否实现技术赶超的关键。2018年11月，习近平在视察上海张江科学城时提出，科研一定要提升原始创新能力①。2019年10月，习近平在视察南开大学时进一步指出，应该在原始创新和自主创新上出更多成果，勇攀世界科技高峰②。这是对中高收入国家转变自主创新结构提出的迫切要求。而质量阶梯产品周期模型并没有抓住中高收入国家创新结构必须向原始创新转换的重要特征。

第二，对外直接投资是中高收入国家提升自主创新能力，促进自主创新结构转换的关键手段。中高收入国家的典型特征不仅表现为已具备一定的自主创新能力，还表现为已经能够积极地进行对外直接投资。经过一段时间的快速经济发展，中高收入国家已经培育了一批能够参与国际竞争的企业，也有了能够支持大规模对外直接投资的外汇资金储备。对中高收入国家而言，之前可以通过与发达国家的技术交易直接获取技术、知识，也可以通过国际贸易和内向型国际直接投资间接获取知识溢出，在获取这些知识以后，经过消化、吸收过程实现再创新。随着中高收入国家的技术水平逐渐逼近世界技术前沿，通过这些渠道获取更为先进的技术、知识的可能性已经越来越小，因为发达国家绝不会将核心技术转让给发展中国家。对中国来说，还面临着西方发达国家长期以来进行的技术封锁，形势更加严峻。正如习近平指出的，重

---

① 习近平在上海考察 [EB/OL]. http：//www.qstheory.cn/yaowen/2018-11/07/c_1123679417.htm.
② 为提升国家原始创新能力贡献力量 [EB/OL]. http：//www.moe.gov.cn/jyb_xwfb/moe_2082/zl_2019n/2019_zl12/201903/t20190305_372190.html.

3 对外直接投资提升中国自主创新能力的一般理论分析框架

大科技创新成果是国之重器、国之利器,必须依靠自力更生、自主创新①。关键核心技术是要不来、买不来、讨不来的,要把创新主动权、发展主动权牢牢掌握在自己手中。在引进高新技术上不能抱任何幻想,只有把核心技术掌握在自己手中,才能真正掌握竞争和发展的主动权②。然而,在日益激烈的国际竞争环境下,在创新能力上处于劣势的中高收入国家要尽快提升自主创新能力,转变创新结构,实现对发达国家的技术赶超,又必须尽一切可能积极吸收国外先进的科学技术、知识。因此,自主创新必须是开放条件下的创新,习近平特别强调,自主创新是开放环境下的创新,绝不能关起门来搞,而是要聚四海之气、借八方之力③。基于此,通过对外直接投资积极获取国外的科学技术、知识,并努力与国内的自主创新活动形成良性互动,则成为中高收入国家提升自主创新能力,促进自主创新结构转换的关键手段。质量阶梯产品周期模型由于没有抓住中高收入国家创新结构向原始创新转换的特征,也就无法将发展中国家的对外直接投资纳入考量。

第三,中高收入国家在全球价值链分工中处于中高端,面对的国际竞争异常激烈。为了实现经济社会持续发展的目标,在国际分工体系中处于劣势地位的发展中国家必须不断推动技术进步,努力沿着全球价值链向中高端攀升。然而,在向上攀升的过程中,中高收入国家所面临的国际竞争却异常激烈。一方面,当今世界的全球价值链仍然由西方发达国家主导,价值链的中高端涉及更多的核心技术,发达国家绝对不会坐视自己的竞争对手出现而不顾,因此中高收入国家在向价值链中高端攀升的过程中遇到了很多障碍。日本和韩国在由中高收入阶段向高收入阶段转变的过程中,其半导体和汽车等产业就受到了美国企业的技术遏制。中国当前面临的形势则更加严峻,中国与发达国家特别是美国之间不仅有经济竞争关系,还存在政治和意识形态上的分歧,中国遭受的技术封锁强度远大于日本和韩国的同期水平。另一方面,随着经济全球化持续推进,国际分工体系加速演变,越来越多的发展中国家

---

① 大国重器,习近平为何如此重视 [EB/OL]. http://www.qstheory.cn/zdwz/2018-05/09/c_1122806506.htm.

② 习近平强调的"命门"是什么 [EB/OL]. http://www.chinanews.com/gn/2018/05-20/8518036.shtml.

③ 有关科技创新,习近平总书记这些金句值得回味 [EB/OL]. http://jhsjk.people.cn/article/30045051.

开始嵌入全球价值链,借此实现了本国经济的快速发展。这些快速发展的中低收入国家对中高收入国家形成了严峻的挑战。这些国家凭借国内更加低廉的生产要素成本抢占了原先由中高收入国家主导的市场,使中高收入国家传统的竞争优势逐渐丧失。如果不能在短时间内形成较强的自主创新能力特别是原始创新能力,中高收入国家很可能被现在处于全球价值链中低端的国家赶超。总之,中高收入国家在全球价值链中面临着前有堵截,后有追兵的紧迫形势。在这种异常激烈的国际竞争环境中,积极利用对外直接投资快速提升本国的自主创新能力,对于中高收入国家来说显得尤其重要。而对于这种特殊的国际竞争环境,质量阶梯产品周期模型并没有给予关注。

第四,中高收入国家要在激烈的国际竞争中脱颖而出,就必须加快自主创新的步伐,但不完善的创新体系制约了自主创新的发展。国际经济发展经验表明,为了实现技术赶超的目标,处在世界技术阶梯中端的中高收入国家必须加速向上攀升,否则便可能被中低收入国家所取代①。对于面临发达国家技术遏制的中高收入国家而言,实现技术赶超的关键已经不在于是否要进行自主创新,而在于如何加快自主创新的步伐。美国对中国企业华为和中兴的制裁为加快自主创新敲响了警钟。正如习近平指出的,"要坚定不移的创新创新再创新,加快创新型国家建设步伐"②。要加快自主创新的步伐必须依靠系统、健全的科技创新体制机制,而中高收入国家的创新体系通常还不完善。因此,加快自主创新的步伐,激发创新活力必须坚持科技创新和制度创新双轮驱动③。习近平特别强调要坚持和完善中国特色社会主义制度,推进国家治理体系和治理能力现代化④。党的十九届四中全会首次专门研究了国家制度和国家治理问题并做出决定,首次系统描绘了中国特色社会主义制度的图谱,全会指出,要完善科技创新体制机制,加快建设创新型国家,构建社会主义市场经济条件下关键核心技术攻关新型举国体制。加大基础研究投入,健全

---

① LUCAS R E. Lectures on economic growth [M]. Cambridge, MA: Harvard University Press, 2004.

② 习近平在中国科学院第十七次院士大会、中国工程院第十二次院士大会开幕会上的讲话 [EB/OL]. http://www.xinhuanet.com/politics/2014-06/09/c_1111056325.htm.

③ 习近平在中国科学院第十九次院士大会、中国工程院第十四次院士大会开幕会上的讲话 [EB/OL]. http://www.xinhuanet.com/2018-05/28/c_1122899992.htm.

④ 习近平. 坚持和完善中国特色社会主义制度推进国家治理体系和治理能力现代化 [J]. 求是, 2020 (1).

3 对外直接投资提升中国自主创新能力的一般理论分析框架

鼓励支持基础研究、原始创新的体制机制。建立以企业为主体、市场为导向、产学研深度融合的技术创新体系,支持大中小企业和各类主体融通创新,创新促进科技成果转化机制①。总之,对于中高收入国家而言,加快自主创新的迫切需求与国内不完善的创新体系构成了一对矛盾,解决这一矛盾就必须依靠科技创新和制度创新的双轮驱动。而对于中高收入国家所面临的这个突出问题,质量阶梯产品周期模型丝毫没有涉及。

3.1.2 中国化的质量阶梯产品周期模型的理论逻辑

为了构建一个适用于中国的对外直接投资提升自主创新能力的一般理论分析框架,必须对质量阶梯产品周期模型进行修正,将中高收入国家纳入其中。

质量阶梯产品周期模型的基本逻辑是内生技术创新和扩散的周期,决定了生产过程由发达国家转移到发展中国家的产品生命周期,发达国家的对外直接投资发挥了技术扩散渠道的作用,在加快发展中国家技术进步的同时,通过利润侵蚀效应迫使发达国家提高创新速率,增加创新资源投入,因而提升了发达国家的自主创新能力。由于发展中国家的创新是以发达国家原始创新为源头进行的二次创新,发达国家创新速率的提高也同时提高了发展中国家的创新速率,增强了发展中国家的自主创新能力。具体来说,发展中国家较低的生产成本提供了技术扩散的激励,引导发达国家企业以对外直接投资的形式将生产技术、知识转移到发展中国家。而发展中国家以这些知识为基础进行的二次创新更加适应低成本的生产方式,侵蚀了发达国家的利润,迫使发达国家进一步投资于创新,从而开启了新一轮的产品周期。由于质量阶梯产品周期模型继承了熊彼特"创造性破坏"的核心思想,每一轮新产品周期已经不是在原有基础上的简单重复,而是质量水平不断提高的上升过程。在这一过程中,发达国家和发展中国家的创新互动(专利竞赛)是保证两国沿着质量阶梯不断攀升的根本动力机制。对外直接投资在模型中扮演了技术扩散渠道的作用,加快了技术、知识由发达国家向发展中国家的转移。更快的技术转移速度提升了发达国家的企业利润被侵蚀的速率,从而迫使发达国家的

---

① 中共中央关于坚持和完善中国特色社会主义制度 推进国家治理体系和治理能力现代化若干重大问题的决定 [EB/OL]. http://www.gov.cn/zhengce/2019-11/05/content_5449023.htm.

企业也加快创新速度。这样，由于利润侵蚀效应加强了创新竞争，发达国家企业的对外直接投资提升了发达国家的创新能力。对外直接投资还通过资源配置效应促进了自主创新。发达国家对发展中国家的直接投资将产品生产转移到发展中国家，释放了本国的劳动力，避免了工资过快上涨，因而为发达国家提高创新速率提供了必要条件。否则，创新速率提高引起的劳动需求增加可能导致工资过快上涨，使创新活动变得无利可图。总之，在质量阶梯产品周期模型中，对外直接投资通过加快发达国家与发展中国家的研发互动，加强两国的研发竞争，提升了双方的自主创新能力，并通过在全球范围内优化资源配置为生产要素顺利流向创新活动提供了可能。

加入中高收入国家后，包含两个代表性国家的质量阶梯产品周期模型扩展为三国模型，即发达国家、中高收入国家和中低收入国家，中高收入国家起到了连接发达国家和中低收入国家枢纽的作用。中高收入国家自主创新能力和对外直接投资的引入，并没有触动原有模型的理论逻辑。原模型中发达国家与发展中国家的研发互动关系，现在变为发达国家、中高收入国家和中低收入国家的互动关系。与原模型中对外直接投资的功能一样，无论是出于技术寻求的目的，还是成本节约的目的，中高收入国家的对外直接投资都发挥了促进技术转移、缩短产品周期、加快国家之间研发互动的直接作用，同时还发挥了调节全球资源配置的间接作用。与原模型的不同之处在于，各国之间的研发互动过程由发达国家主导转变为由中高收入国家主导。对各个国家而言，由此可能会产生不同的政策含义，但这并没有对原模型的基本理论逻辑做出任何根本性改变。而且，纳入以技术赶超和自主创新为目标的中高收入国家后，中国化的质量阶梯产品周期模型的解释力得到了进一步增强。

在原模型中，由于产品的创新和生产始终都最先出现在发达国家，因而创新和产品周期完全由发达国家推动，发展中国家只能选择被动等待技术扩散的进程，承接被发达国家筛选过的技术，而无法主动影响产品周期和技术扩散。在纳入中高收入国家后，中高收入国家已经不限于一直在创新和产品周期过程中跟跑，而是努力提升自主创新能力以实现由跟跑向并跑甚至领跑转变，对外直接投资就是中高收入国家提升自主创新能力的重要手段。因此，纳入中高收入国家的质量阶梯产品周期模型，不仅能够揭示原模型中发达国家主导—发展中国家跟随的研发动态，还探讨了中高收入国家的技术赶超问题，从而丰富和扩展了对各国之间研发互动关系的研究。

3 对外直接投资提升中国自主创新能力的一般理论分析框架

在新产品的引入阶段，出于对生产和消费不确定性的考量，产品的生产和引入多在发达国家，较少发生在世界其他国家和地区。即使有一些产品出口到发展中国家，发展中国家一般只能获得产品的规格、参数等相关信息，很难了解到产品的设计理念和生产技术。而且，产品的科技含量越高，通过逆向倒推工程获得与产品相关的技术、知识就越困难。纳入中高收入国家的质量阶梯产品周期模型则考虑到了中高收入国家技术赶超的需要，一方面仍然会进口新产品；另一方面则会通过对发达国家的直接投资获取与新产品相关的技术、知识，本国研发生产率高的对外直接投资企业也会开展互补性的研发工作，依据本国的需求特征和资源禀赋条件对新产品进行改进升级。因此，与原模型相比，在中国化的质量阶梯产品周期模型中的国际竞争要激烈得多。由于中高收入国家已经具备一定的自主创新能力尤其是集成创新能力，而且具有技术赶超的目标，在新产品的引入阶段发达国家的优势可能丧失，迫使其开展新的研发活动，提高创新速率。中高收入国家在这一阶段可能达到产品创新的前沿，将发达国家的企业逐出市场。

在新产品的成熟阶段，产品设计已经基本定型，与批量化生产和销售相关的市场规模和生产成本成为决策的关键因素。原质量阶梯产品周期理论认为，这一阶段技术前沿国家通过对外直接投资的方式，将部分生产转移到其他发达国家，以避开贸易成本并利用海外相对较低的生产成本。在中国化的质量阶梯产品周期模型中，将呈现出更加多样化的选择。对仍然保持竞争优势的技术前沿国而言，除了其他发达国家，中高收入国家也是对外直接投资的主要考量国。因为这些国家具有庞大的消费群体、快速增长的消费需求，以及进行大规模生产的经验。生产转移到这些国家会对中高收入国家的创新企业施加较大的压力，迫使这些企业加快技术创新速度。而来自技术前沿国的内向型国际直接投资绝不会带来核心技术，为了加速创新，中高收入国家的企业必须扩大对发达国家的直接投资以尽快获取核心技术、知识和设计理念。对于在上一阶段已经在创新竞赛中获得优势地位的中高收入国家的企业，在这一生产阶段可以充分发挥本国大规模生产的有利条件，同时利用好先期在发达国家设立的子公司，做好产品的宣传、销售和服务工作。此外，这些企业还可能通过子公司嵌入东道国当地的产业链，以获取竞争对手的研发信息并建立稳定的供应链和客户群体。在这一阶段，中高收入国家具有竞争优势的企业能够积极参与甚至主导产品生命周期的进程，并通过对外直接投资进一步增强本国的自主创新能力。

在新产品的衰退阶段,产品的生产技术、任务流程已经完全标准化,基本没有对研发的进一步需求,随着生产技术被内化于机器、设备当中,劳动力成本成为影响企业竞争力的关键。原质量阶梯产品周期模型认为这一阶段的生产完全转移到发展中国家,产品生命周期逐渐走向终结,更新的产品开始在发达国家引入,新的产品周期开始。在中国化的质量阶梯产品周期模型中,这一阶段的生产由中高收入国家转移到中低收入国家,这种国际资源优化配置为中高收入国家发展更高技术含量的产业腾出了资源和空间,更新的产品既可能出现在发达国家,也可能出现在中高收入国家。由于之前对外直接投资积累的技术、知识以及国内生产所带来的学习效应,中高收入国家的自主创新能力进一步增强,有更大的可能在新产品引入阶段就与发达国家展开竞争。原质量阶梯产品周期模型忽略了学习效应,一定程度上割裂了上一代产品周期与下一代产品创新之间的直接联系。在中国化的质量阶梯产品周期模型中,由于引入了中高收入国家的技术赶超,每个产品周期都增强了中高收入国家的自主创新能力,丰富了其对外直接投资经验,使得中高收入国家越来越可能逼近全球创新前沿,最终在新产品创新方面与发达国家齐头并进甚至实现赶超。每一个产品周期都通过学习效应增强了中高收入国家对下一期新产品的原始创新能力,对外直接投资进一步强化了这种学习效应。

综上所述,在中国化的质量阶梯产品周期模型中,中高收入国家不再被动等待,而是能够积极主动地采取行动,通过对发达国家的直接投资加速技术、知识的获取,提升本国的自主创新能力,同时还能够将本国已经逐渐丧失竞争优势的生产技术以直接投资的形式转移到中低收入国家,为国内发展技术含量更高的产业、开展更多的研发活动腾出资源和空间。对质量阶梯产品周期模型的这种修正丰富和扩展了模型的内容,增强了中国化的模型对处于不同经济发展阶段的国家的解释力。

3.1.3　中国化的质量阶梯产品周期模型的基本特征

3.1.3.1　以中高收入国家为基本立足点

原有的质量阶梯产品周期模型立足于发达国家,主要研究发达国家的技术创新、技术扩散与贸易和投资模式的动态演化关系,其基本结论就是发达国家的对外直接投资行为决定了全球贸易模式和创新绩效,发展中国家在整

3 对外直接投资提升中国自主创新能力的一般理论分析框架

个世界经济体系中处于被动、从属的地位。中国化的质量阶梯产品周期模型以中高收入国家为基本立足点,认为中高收入国家在世界经济体系中能够积极、主动地发挥作用,特别强调中高收入国家的对外直接投资和自主创新对全球创新绩效的积极促进作用。中高收入国家服务于技术赶超目的的对外直接投资不仅提升了本国的自主创新能力,也通过市场竞争效应迫使发达国家增加创新投入、加快创新步伐,还通过更快的技术转移速率提高了中低收入国家的技术进步速度,因而能够在很大程度上改善全球创新绩效,促进世界经济的发展。

3.1.3.2 以技术赶超为逻辑主线

原有的质量阶梯产品周期模型以发达国家的技术创新和技术扩散周期为逻辑主线,分析了新产品引入、成熟、衰退阶段的全球投资和贸易模式,及其对发达国家自主创新能力的影响。尽管也有一些研究引入了发展中国家的自主创新行为,但基本都提前预设了发达国家在创新能力上存在长期的比较优势,因此,发展中国家的创新始终从属于发达国家,不存在技术赶超的可能。中国化的质量阶梯产品周期模型以中高收入国家的技术赶超为逻辑主线,研究重点已经不是中高收入国家在国际经济体系中发挥的被动技术承接作用,而是这些国家如何以对外直接投资为手段积极促进国内自主创新能力的提升,影响并塑造全球贸易和投资格局,实现对发达国家的技术赶超。创新周期和产品周期表现为由中高收入国家积极推动,并逐渐向这些国家主导的模式转变。

3.1.3.3 以提升自主创新能力为最终目的

原有的质量阶梯产品周期模型以"全球福利"为研究目的,描绘了一幅发达国家和发展中国家各自发挥比较优势,促进全球福利最大化的理想景象。但实际上却将发展中国家固定于被动从属的国际经济格局中,发达国家始终享有创新带来的垄断利益。中国化的质量阶梯产品周期模型以中高收入国家的福利为研究目的,特别强调只有增强自主创新能力才有可能实现本国福利的最大化,同时也才能提升全球创新绩效,并带来全球福利的改善。中高收入国家不能满足于既定国际经济格局中的分工,而应当积极利用有利的国际经济环境,以提升本国的自主创新能力为最终目的。更重要的是,为了不断提升自主创新能力,中高收入国家就必须努力实现自主创新结构的转换,从以引进、消化、吸收、再创新和集成创新为主的自主创新结构,向以原始创新为主的自主创新结构转变。鉴于原始创新对技术变革和产业发展的重要引领作用，只有形成以原始创新为主的自主创新结构才能够真正提升中高收入国家的自主创新能力。

3.1.3.4 以对外直接投资为实现手段

在原有的质量阶梯产品周期模型中，发达国家的对外直接投资是维持企业的竞争优势，实现利润最大化的选择，并不直接服务于自主创新的目的。由于发达国家的跨国公司已经具备了完全的自主创新能力，对外直接投资不是增强创新能力的主要手段，而是在全球范围内绕开贸易壁垒、积极开拓市场的有效工具。中国化的质量阶梯产品周期模型以技术赶超、自主创新与对外直接投资为理论内核，始终将对外直接投资置于技术赶超的逻辑当中。与进出口贸易和内向型对外直接投资相比，对外直接投资更具积极性和主动性，也更有利于中高收入国家的企业嵌入发达国家的创新和生产网络，获取先进的技术、知识。在中国化的质量阶梯产品周期模型中，对外直接投资从开始就被当作实现手段，服务于提升本国自主创新能力的鲜明目的，充分体现了中高收入国家所处的经济发展阶段的特征及其所面临的国际经济环境的特征。

3.1.4 中国化的质量阶梯产品周期模型的内在机制

中国化的质量阶梯产品周期模型要解决的核心问题，是在既定的全球经济、技术格局中，面对发达国家的技术垄断和遏制甚至封锁，中高收入国家如何以对外直接投资作为提升自主创新能力的有效手段，实现对发达国家的技术赶超。为此，必须把握好三对关系：

第一，技术赶超与自主创新的关系。当今世界的竞争日益表现为科技实力的竞争，高科技领域始终是国与国之间实力比拼的终极战场。而中高收入国家科技实力的进一步增强只能依靠自主创新。发达国家利用其在创新方面的优势在全球范围内进行生产力布局，将廉价劳动密集型产业和生产环节转移到发展中国家，而将技术密集型产业和研发环节保留在主要的发达国家，以此巩固自己在创新能力上的优势地位。在这种国际技术格局下，中高收入国家要想实现技术赶超就只能依靠自主创新，因为发达国家绝不会将核心技术向中高收入国家转移，以培养自己未来的竞争对手。只有增强自主创新能力，中高收入国家才可能进一步缩小与发达国家的技术差距，并最终实现技术赶超。否则，尽管中高收入国家仍然具有理论上的技术后发优势，但受制

3 对外直接投资提升中国自主创新能力的一般理论分析框架

于发达国家技术遏制的现实,现有的技术差距很难再有进一步缩小的空间。

第二,自主创新与对外开放的关系。核心技术买不来、换不来、求不来,必须依靠自主创新,自主创新是决定国家竞争力的关键,但自主创新也绝不等于关起门来搞创新。习近平指出,对于正走在复兴之路上的中国来说,开放和创新永远在路上,只有进行时,没有完成时,要深化国际交流合作,充分利用全球创新资源,在更高起点上推进自主创新,并同国际科技界携手努力,为应对全球共同挑战做出应有贡献①。

第三,对外直接投资与自主创新的关系。"引进来"和"走出去"是中国对外开放的主要方式,而对外贸易和对外投资是这种方式的重要内容。与进出口贸易和内向型对外直接投资相比,对外直接投资更具积极性、主动性和目的性,能够更加有效地利用全球资源,服务于自主创新的目的。对中低收入国家的直接投资能够充分利用它们较丰富的廉价劳动力资源,为中高收入国家实现产业转型升级,开展更多的创新活动腾出资源和空间;对发达国家的直接投资能够直接嵌入发达国家当地的相关产业链和创新网络,接近更高层次的消费市场,便于获取市场信息和先进的技术、知识,扩充自主创新的知识库,为中高收入国家增强自主创新能力、转换自主创新结构提供创意、理念、知识和技术支撑。这些都是进出口贸易和内向型对外直接投资所不具备的优势。因此,对外直接投资是在新一轮高水平、更高层次对外开放背景下,中高收入国家用来提升自主创新能力的一条有效渠道。

为了确保能够处理好上述三对关系,中国化的质量阶梯产品周期模型建立了四种内在机制,分别是结构转换机制、市场竞争机制、资源配置机制和知识获取机制。其中,结构转换机制对应于技术赶超与自主创新的关系,市场竞争机制对应于自主创新与对外开放的关系,资源配置机制和知识获取机制对应于对外直接投资与自主创新的关系。

3.1.4.1 结构转换机制

对于中高收入国家而言,要顺利实现对发达国家的技术赶超只能通过提升自主创新能力。自主创新能力分为三个不同的层次,即原始创新和集成创新,引进、消化、吸收、再创新。仅明确要提升自主创新能力是不够的,还必须进一步指明提升路径,努力实现自主创新结构的转换。在经济持续发展

---

① 中共中央文献研究室. 习近平关于科技创新论述摘编[M]. 北京:中央文献出版社,2016.

进程中，中高收入国家已经积累了一定程度的自主创新经验，具备了一定的自主创新能力，在经济起飞阶段被普遍采用的引进、消化、吸收、再创新，已经不再是自主创新的主要形式①。因此，进一步提升自主创新能力需要在集成创新的基础上，努力实现由集成创新向原始创新的转换。

本研究认为，增强产品架构能力是促进自主创新结构转换的关键。产品架构能力是在理解创意理念、工作原理和客户需求的基础上，整合各种资源以完整设计并最终制造一款产品的能力。不同于基于消化、吸收的模块化局部创新能力，产品架构能力一般无法通过干中学的过程获得，需要企业有意识地对产品设计原理加以学习，并在市场需求变动的过程中反复实践才能逐渐习得。集成创新和原始创新对产品架构能力的需求层次不相同。集成创新通常是在现有的技术范式之下，运用产品架构能力实现更好的产品开发绩效，而原始创新更多的是对现有技术范式的颠覆，进而形成新的技术范式和技术标准，显然需要更高层次的产品架构能力。

产品架构能力的形成通常需要持久的历史积淀和知识积累，开放的经济环境显然更有利于这种能力的提升，进而促进自主创新结构由集成创新向原始创新转换。中高收入国家的企业通过对外直接投资能够积极、主动地整合全球创新资源，近距离接触、学习发达国家先进的产品设计理念，并及时监控最新科技发展动态，才能加快产品架构能力的提升。产品架构能力与特定的国内市场需求相结合，能够产生一大批具有本土化特征的创新产品，进而能够带动对产品核心模块的需求，促进核心零部件领域关键技术的突破。而核心零部件领域关键技术的突破又为产品设计提供了更多的选择，丰富了产品组合，推动了产品架构能力的进一步增强。因此，对外直接投资能够通过提升产品架构能力逐渐推动中高收入国家自主创新结构的转换。

3.1.4.2　市场竞争机制

市场竞争是推动产品创新的原动力，中高收入国家在全球价值链分工中处于中端，所面对的国际竞争异常激烈。一方面，由于中低收入国家对跨国公司转移技术的承接和模仿生产，中高收入国家的企业面临日益严峻

---

① 雷家骕，张庆芝，张鹏，等. 创新植入增长：基于科学的产业的技术赶超与自主创新［M］. 北京：清华大学出版社，2019.

的"被追赶"竞争压力;另一方面,与发达国家相比,中高收入国家在自主创新能力上仍然处于劣势,在发达国家进行技术、人才封锁的情况下,中高收入国家的知识、技术来源受到严重遏制,在全球价值链中的攀升过程更为艰难,很容易进入发展的瓶颈期。但是,开放环境下出现的中低收入国家和发达国家共同进行"围追堵截"的局面,对中高收入国家的自主创新提出了更高的要求并提供了更强的动力,使得中高收入国家自主创新的路线更加明晰。尽管自主创新是开放条件下的创新,必须充分利用全球的创新资源,但其基本立足点仍然必须是国内市场,突出表现为民族的创新,要争取达到自主创新为体,全球资源为用的目的。通过市场竞争机制,中高收入国家能够进一步加快技术更替的步伐,并为本土化创新活动的积极开展提供动力之源。

3.1.4.3 资源配置机制

面临日益上涨的生产要素成本特别是劳动力成本,中高收入国家将本国自主研发或由发达国家引入,但已经改良的标准化生产技术转移到工资水平更低的中低收入国家,这样就能够在充分利用国际生产要素价格差异的基础上实现"腾笼换鸟",为国内发展科技含量更高的产业提供资源和空间。一方面,将国内已经丧失或即将丧失比较优势的产业转移到中低收入国家,能够倒逼国内企业加快进行技术转型升级,并由此促进国内人力资本的积累,为自主创新提供良好的基础性条件;另一方面,国内转移到中低收入国家的产业在东道国通常仍是技术含量相对较高的产业[①],能够在充分利用当地较为廉价的生产要素的同时提升当地劳动力的技能水平,增加东道国的收入,进而扩大国内转型升级产业的海外市场。通过资源配置机制,中高收入国家可以将产品生命周期已经接近完成的产业转移出本国,从而能够集中力量发展科技含量更高、创新活动更加密集的产业。

3.1.4.4 知识获取机制

面对西方发达国家特别是美国进行技术遏制的严峻形势,中高收入国家为了加快技术赶超的步伐,缩短创新周期,必须采取对发达国家开展直接投资的措施进行积极应对,以加快获取与创新相关的科学、技术和人才资源。

---

① FEENSTRA R C, TAYLOR A M. International economics [M]. New York: Worth Publishers, 2017.

一方面，国内外很多研究都已经表明，知识溢出具有强烈的地域性特征①，仅局限在一定的地理范围内，而且很多与创新直觉有关的默示性知识只能通过反复的观察、钻研、模仿才能获得，因此，对创新能力强的国家和地区进行直接投资就成为获取当地默示性知识的唯一方式；另一方面，为了充分利用发达国家较为丰富的人力资源、完善的产业链和密集的创新网络，通过对外直接投资的形式雇佣当地高质量的创新人才，并积极嵌入当地产业链条和创新网络是获取外部知识的一条有效途径。通过积极获取海外的科学技术、知识并将其转移到国内加以吸收利用，中高收入国家能够迅速实现本国自主创新所需知识的积累，有效缩短产品创新周期和生命周期的时间，进而加快技术更替的步伐。

3.1.5 中国化的质量阶梯产品周期模型中的中高收入国家的地位

不同于在原有的质量阶梯产品周期模型中发达国家主动创新，发展中国家被动模仿的关系，在中国化的质量阶梯产品周期模型中，中高收入国家起到了连接发达国家和中低收入发展中国家的枢纽作用。

一方面，尽管发达国家因为具有完全的自主创新能力仍然处于世界技术前沿，但其开发的与新产品相关的生产技术并不适合于发展中国家的资源禀赋，因而在技术扩散的同时还需要对原有技术进行改良，使之能够适应发展中国家的需要。不同于中低收入国家只具有较为薄弱的研发能力，中高收入国家能够在改良前沿技术、开展集成创新上发挥重要作用。经过中高收入国家二次创新的技术更加适合广大发展中国家的需要，在降低了它们技术引进成本的同时，也加快了中低收入国家的技术进步速度，促进了这些国家的经济增长。而且，一些中高收入发展中大国内部具有发展不平衡的特征，对适合各种资源禀赋的生产技术都有一定的需求，因此也具有很强的开展集成创新，并将创新成果转移到具有不同资源禀赋的发展中国家的激励。

另一方面，中高收入国家已经具备了一定的自主创新能力，不再完全被动地吸收发达国家的技术、知识，而是能够积极、主动地通过对外直接投资获

---

① ACEMOGLU D. Introduction to modern economic growth [M]. Princeton: Princeton University Press, 2009.

3 对外直接投资提升中国自主创新能力的一般理论分析框架

取所需要的知识,为己所用。以技术赶超为目的的中高收入国家将逐渐接近创新可能性前沿,从而打破发达国家对前沿技术的垄断。这就增强了各国之间创新竞赛的激烈程度,迫使发达国家进一步加快创新的步伐,而不是一味地垄断现有创新成果,获取技术租值。于是,通过创新的竞争效应,中高收入国家自主创新能力的提升实际上提高了全球的创新绩效,加快了全球的技术进步速度。另外,中高收入国家在技术赶超过程中的成功发展实践,为正在面临或即将面临相同问题的其他发展中国家提供了经验借鉴,也为其他发展中国家冲破现有的国际分工和贸易格局,增强自主创新能力,实现经济的持续发展提供了可靠的理论指导。

3.2 质量阶梯产品周期模型的中国化修正:数理模型

在构建中国化的质量阶梯产品周期理论模型的基础上,需要构建与理论模型相适应的形式化数理模型,以便运用数理逻辑分析中国对外直接投资如何提升自主创新能力。

3.2.1 假设前提

同原质量阶梯产品周期模型保持一致(参见2.3节),中国化的模型假设前提包含创新、对外直接投资、消费、生产和投融资五个方面。

3.2.1.1 创新行为的假设

整个世界经济由发达国家、中高收入国家和中低收入国家组成(分别用 N, M, L 表示),经济中只有一种生产要素——劳动,且生产要素不能跨国自由流动。发达国家的工资率始终高于中高收入国家,而中高收入国家的工资率又始终高于中低收入国家。

三个国家之间最大的差异表现为在最先进技术的研发能力上的差距。发达国家只开展推动技术范式演变的原始创新。中低收入国家不能进行创新,而中高收入国家可以开展集成创新和原始创新两种形式的自主创新活动①。集

---

① 在中高收入国家,通过继续引进技术进行消化、吸收、再创新,缩短与发达国家技术差距的可能性越来越小,因此我们的模型中没有将引进、消化、吸收、再创新纳入考虑范围。

成创新是在现有技术范式下以国内市场需求为起点，以开放的产品架构整合、集成国内外各种技术资源而实现的产品创新，需要将中高收入国家对发达国家的直接投资和中高收入国家的生产制造能力有机结合起来。中高收入国家的原始创新则是在发达国家创新的基础上进行的根本性变革，是对原有技术范式的颠覆。在初始期，假定中高收入国家进行原始创新的成本过高，只有集成创新是有利可图的。这在模型中表现为通过对发达国家进行直接投资以建立研发中心和海外子公司，结合本国现有的生产制造能力和市场需求条件对发达国家已经发明的产品进行二次创新。由于集成创新促成了国内生产制造能力与国外设计、架构知识的有机结合，在这一有意识地对产品创意、架构、设计和生产知识学习、积累的过程中，对发达国家的技术寻求型直接投资能够对中高收入国家的原始创新能力产生溢出效应，从而有利于开拓中高收入国家完全自主架构产品的视野，降低核心零部件的生产成本，提升自主设计产品的水准。这样，随着技术寻求型对外直接投资强度的不断增加，中高收入国家原始创新的成本也会逐渐降低。

创新表现为既定产品空间中产品质量不断改进的过程。产品空间用 [0, 1] 的连续统表示，其中每种产品的质量都能够被改进无数次。质量改进的步长由 λ ($\lambda > 1$) 表示，该步长是外生给定的并对所有的产品都相等①。每种产品最初的质量水平都规定为 1，在经过 j 次质量改进后，产品 ω 的最高质量水平为 $q_j(\omega) = \lambda^j$。

创新是一种有风险的活动，进行创新需要投入一定的资源。企业投资创新类似于购买彩票，通过支付一定的成本获取一定的成功概率，创新成功的概率服从连续的泊松分布过程。在时期 dt 内，进行原始创新的企业承担 $\tau_i (i = N, M)$ 的研发强度获得 $\tau_i dt$ 的成功概率（成功将当前最高质量的产品质量提升一个版本）。进行集成创新的企业承担 τ_o 强度的技术寻求型对外投资获得 $\tau_o dt$ 的成功概率（成功改良当前最高质量的产品），τ_o 被假定为外生的。每单位研发强度需要投入 $a_i (i = N, M, O)$ 单位的劳动力。为了区分不同类型的创新者在研发成本上的差别，假定 $a_M > a_N > a_O > 0$，其中 a_M 为 τ_O

---

① 在本书的数理模型中，我们假定了不同品种的产品质量改进步长相等。实际上，如果放宽这一假定，允许不同品种的产品有着不同的质量改进步长，我们将会得出更为丰富的转移动态过程，但这并不会改变模型的基本结论。

3 对外直接投资提升中国自主创新能力的一般理论分析框架

的函数,有 $a'_M(\tau_O) < 0, a_M''(\tau_O) < 0$。

为了避免在创新竞赛中跟随者搅局可能造成多重均衡和非确定的结果,假定发达国家的原始创新只能由市场上的在位企业,即领导者承担①。中高收入国家企业的自主创新活动,无论是集成创新还是原始创新,都直接瞄准发达国家的企业,而发达国家的企业在失去其市场地位以后要等待产品生命周期完结,即生产过程转移到中低收入国家后才进行创新②。

3.2.1.2 对外直接投资行为的假设

为了重点把握中高收入国家对外直接投资对其自主创新能力的提升作用,出于简化考虑,假定世界范围内的对外直接投资活动仅由中高收入国家承担。中高收入国家的对外直接投资有两种类型:一种是流向发达国家的技术寻求型对外直接投资。这种类型的投资是集成创新的基础,因为临近世界研发密集的区域便于中高收入国家的企业及时监控最新的科技发展信息,充分利用当地的研发资源,主动学习产品的架构、设计理念和方法,结合自身与东道国的创新优势,以实现在改良基础上对现有研发成果的创造性集成整合。另一种是流向中低收入国家的成本节约型对外直接投资。这种类型的对外直接投资通过中高收入国家企业已有的技术、知识和生产过程转移到中低收入国家,能够降低生产成本,提高全球资源配置效率,增强企业的竞争力,并为国内实现产业转型升级,开展更多的创新活动腾出资源和空间。

技术寻求型对外直接投资是需要投入成本的有风险活动,成功的概率与企业投入的努力程度成正相关关系,企业承担 τ_O 强度的技术寻求型对外投资获得 $\tau_O dt$ 的成功概率(成功改良当前最高质量的产品)。成本节约型对外直接投资不需要投入固定成本,但面临着更大的竞争压力。在任何既定时点上,中高收入国家的企业进行成本节约型对外直接投资的概率为 τ_F。假设为了充分获取全球的生产技术信息,并且更好地监控全球市场需求信息,

---

① GANDOLFO G. International economics: the pure theory of international trade [M]. Berlin: Springer, 2010.

② 这里假定了发达国家创新活动的策划过程要长于中高收入国家,或者说一旦市场地位被取代,发达国家企业将会"等待"中高收入国家的企业一段时间才着手开始创新。这可以解释为在研发方面进行追赶的国家具有后发优势。一方面,由于进行原始创新,发达国家可能停留在原有技术范式,对新技术反应较迟滞,甚至还要面对国内各种利益集团的压力;另一方面,中高收入国家总是希望节省研发投入,直接针对发达国家企业的成果进行创新能够"站在巨人的肩上"。

以便尽最大可能降低原始创新过程中的不确定性,发达国家的企业仅将创新目标瞄准为中高收入国家已经进行成本节约型对外直接投资的企业,即瞄准产品周期已经完成的产品类型。在这种情况下,尽管成本节约型对外直接投资能够获取更多的利润,但同时也面临着更大的被发达国家企业取代的可能。

3.2.1.3　消费行为的假设

世界范围内各国的消费者具有相同的偏好,偏好类型为跨期加性可分,用效用函数表示为:

$$U = \int_0^\infty e^{-\rho t} \log u(t) \mathrm{d}t \quad (3-1)$$

其中,ρ 为世界范围内共同的主观折现率,$\log u(t)$ 为瞬时效用函数,其形式为:

$$\log u(t) = \int_0^1 \log \left[\sum_j q_j(\omega) x_{jt}(\omega) \right] \mathrm{d}\omega \quad (3-2)$$

$x_{jt}(\omega)$ 是时期 t 质量为 j 的商品 ω 的消费数量。式(3-1)服从于跨期预算约束 $\int_0^\infty e^{-R(t)} E(t) \mathrm{d}t \leq A(0)$。$A(0)$ 为消费者收入流的现值;$E(t)$ 为在时期 t 的总支出水平,其形式为 $E(t) = \int_0^1 \left[\sum_m p_m(j,t) x_m(j,t) \right] \mathrm{d}j$;$R(t)$ 为累积的利息率,即 $R(t) = \int_0^t r(s) \mathrm{d}s$,$r(s)$ 为瞬时利息率。在任何时点上,对于同一种类的商品,消费者将选择具有最低质量调整价格的版本,即 $\dfrac{p_{jt}(\omega)}{q_j(\omega)}$ 最低的版本。如果两个版本的商品质量调整后价格相同,则假定消费者会选择质量水平更高的版本。

3.2.1.4　生产行为的假设

任何时候,在世界范围内,掌握产品生产技术、知识的企业相互之间进行伯川德定价竞争。一旦创新或改良成功,任何质量的产品在任何国家由任何企业生产都需要一单位劳动力。由于中低收入国家的工资率更低,在其他条件不变的情况下,中低收入国家进行生产将更加有利可图。一旦更高质量版本的产品被生产出来,之前版本的蓝图就自动在世界范围内扩散,在这种完全竞争的环境下,中低收入国家的企业能够以最低的生产成本 w_s 生产一单位产品,在此将 w_s 规范化为1。由于面临中低收入国家的低成本竞争,原始创新企业只能将更高质量版本的产品价格定为 λ,才能将中低收入国家的企业挤出市场。对于技术寻求型对外直接投资企业而言,实现集成创新的产品尽管完成了某些改良,但仍然与当前最高质量的产品保持同一版本,为了将发达国家企业逐出市场,技术寻求型对外直接投资企业需要将产品价格确定为 w_N,即北方生产的边际成本。对于成本节约型对外直接投资企业而言,尽管降低的生产成本提供了更低价格的可能,但由于这些企业已经占领了世界市场,因此,他们没有任何激励进一步降低产品价格。与技术寻求型对外直接投资企业一样,成本节约型对外直接投资企业的产品定价仍然为 w_N。

在均衡时,市场上一共存在五种类型的企业:以成本节约型对外直接投资企业为竞争对手的发达国家企业;以发达国家企业为竞争对手的技术寻求型对外直接投资企业;以发达国家企业为竞争对手的中高收入国家的原始创新企业;面临发达国家企业竞争威胁的基于集成创新的成本节约型对外直接投资企业,面临发达国家企业竞争威胁的基于原始创新的成本节约型对外直接投资企业。规定以上五种不同类型企业的测度分别为 $n_N, n_{O1}, n_{M1}, n_{O2}, n_{M2}$,其和为1。为了便于进行形式化处理,我们进一步假定在初始期 $n_N > n_{O1}$。这符合中高收入国家在技术赶超初期创新能力相对落后的基本情况①。

3.2.1.5 投融资行为的假设

假定发达国家和中高收入国家的创新、投资活动各自在本国资本市场上进行融资。分散的消费者是资本市场上的投资者。为了分担风险,消费者将选择持有不同公司的股票。在均衡时,包含不同公司股票的资产投资组合的收益,应当与支付无风险固定利息率的债券收益相等②。

企业是资本市场上的融资者。在运行良好的资本市场上,企业可以自由进出,但同一类融资活动中只有预期价值最高的项目才能够获得资助。资本市场的无套利条件决定了企业的市场价值。

---

① 在不进行数值模拟分析处理的情况下,对变量进行合理的限定以得出确切的定性结论是质量阶梯产品周期模型经常采用的方法。参见 LU C H. Three essays on foreign direct investment, trade and growth [D]. Madison: University of Wisconsin – Madison, 2004.

② AGHION P, HOWITT P. Endogenous growth theory [M]. Cambridge MA: MIT Press, 1998.

3.2.2 基本结构

3.2.2.1 消费者问题

消费者问题可以分为三个阶段进行处理：第一阶段，一生的财富在一生的不同时期的分配；第二阶段，每一时期支出在不同品种产品之间的分配；第三阶段，每一时期支出在特定的产品种类中不同质量版本之间的分配。在最后阶段，在每一时期，就特定品种的产品而言，消费者总是将支出花在能够提供最低质量调整价格的版本上，即 $\frac{p_{jt}(\omega)}{q_j(\omega)}$ 最低的版本，令该版本的质量为 $q_t(\omega)$。在均衡时，只有最高质量版本的产品会在市场上出售。在第二阶段，根据柯布—道格拉斯型效用函数的性质，追求效用最大化的消费者将选择把支出均匀花费在不同种类的产品上。在第一阶段，由于效用函数是跨期可分的，消费者会将支出均匀花费在不同时期，由动态规划基本原理可知①，最优的支出路径 $E(t)$ 服从下列微分方程：

$$\dot{E}(t)/E(t) = R(t) - \rho = r(t) - \rho \tag{3-3}$$

在每一特定时期，消费者对最高质量的某种产品的需求为：

$$x_t(\omega) = \frac{E(t)}{p_t(\omega)} \tag{3-4}$$

3.2.2.2 生产者问题

生产者问题包括产品定价决策和研发决策两方面，首先分析企业的定价决策。发达国家企业面临中高收入国家集成创新型企业和原始创新型企业的竞争，令 θ 表示由中高收入国家原始创新型企业瞄准的发达国家企业的比例，则 $1-\theta$ 表示由中高收入国家集成创新型企业瞄准的发达国家企业的比例。由 (3-4) 式可得发达国家企业的利润为：

$$\pi_N = \frac{E}{\lambda}(\lambda - w_N) = E\left(1 - \frac{w_N}{\lambda}\right) \tag{3-5}$$

发达国家企业的市场价值为：

$$v_N = \frac{\theta \pi_N}{\rho + \tau_M} + \frac{(1-\theta)\pi_N}{\rho + \tau_O} \tag{3-6}$$

中高收入国家 I 型集成创新企业（集成创新发生在发达国家，生产在中

---

① GANDOLFO G. Economic dynamics [M]. Berlin: Springer, 2010.

高收入国家）的利润为：

$$\pi_{O1} = \frac{E}{w_N}(w_N - w_E) = E\left(1 - \frac{w_E}{w_N}\right) \quad (3-7)$$

这类企业不面临发达国家企业的创新威胁，有一定概率能够将生产转移到中低收入国家而实现资本增值，因而企业的市场价值为：

$$v_{O1} = \frac{\pi_{O1} + \tau_F(v_{O2} - v_{O1})}{\rho} \quad (3-8)$$

中高收入国家Ⅱ型集成创新企业（Ⅰ型企业将生产转移到中低收入国家）的利润为：

$$\pi_{O2} = \frac{E}{w_N}(w_N - 1) = E\left(1 - \frac{1}{w_N}\right) \quad (3-9)$$

这类企业面临发达国家企业的创新威胁，企业的市场价值为：

$$v_{O2} = \frac{\pi_{O2}}{\rho + \tau_N} \quad (3-10)$$

中高收入国家Ⅰ型原始创新企业（创新和生产都在中高收入国家）的利润为：

$$\pi_{M1} = \frac{E}{\lambda}(\lambda - w_E) = E\left(1 - \frac{w_E}{\lambda}\right) \quad (3-11)$$

这类企业不面临发达国家企业的威胁，同样有一定的概率能够将生产转移到中低收入国家而实现资本增值，企业的市场价值为：

$$v_{M1} = \frac{\pi_{M1} + \tau_F(v_{M2} - v_{M1})}{\rho} \quad (3-12)$$

中高收入国家Ⅱ型原始创新企业（Ⅰ型企业将生产转移到中低收入国家）的利润为：

$$\pi_{M2} = \frac{E}{\lambda}(\lambda - 1) = E\left(1 - \frac{1}{\lambda}\right) \quad (3-13)$$

这类企业面临发达国家企业的创新威胁，企业的市场价值为：

$$v_{M2} = \frac{\pi_{M2}}{\rho + \tau_N} \quad (3-14)$$

研发市场的自由进入条件确保了任何企业的市场价值都不大于其研发成本，因此有：

$$v_N \leq w_N a_N, \text{当} \tau_N > 0 \text{时等号成立} \quad (3-15)$$

$$v_{O1} = v_{O2} \leq w_N a_O, \text{当} \tau_O > 0 \text{时等号成立} \quad (3-16)$$

$$v_{M1} = v_{M2} \le w_E a_M, 当 \tau_M > 0 时等号成立 \quad (3-17)$$

3.2.2.3 均衡问题

均衡问题包括劳动市场出清条件和测度条件,首先看劳动市场出清条件。发达国家的劳动市场出清条件:

$$n_N \frac{E}{\lambda} + a_N \tau_N (n_{O2} + n_{M2}) + a_O \tau_O (1-\theta) n_N = L_N^* \quad (3-18)$$

中高收入国家的劳动市场出清条件:

$$n_{M1} \frac{E}{\lambda} + n_{O1} \frac{E}{w_N} + a_M \tau_M \theta n_N = L_E^* \quad (3-19)$$

中低收入国家的劳动市场出清条件:

$$n_{M2} \frac{E}{\lambda} + n_{O2} \frac{E}{w_N} = L_S^* \quad (3-20)$$

再看均衡测度条件,在稳定状态,对于任何类型的企业,流入该类型和流出该类型的数量都相等,于是:

对于发达国家的企业,

$$\tau_N (n_{O2} + n_{M2}) = \tau_O (1-\theta) n_N + \tau_M \theta n_N \quad (3-21)$$

对于中高收入国家的Ⅰ型集成创新企业,

$$\tau_O (1-\theta) n_N = \tau_F n_{O1} \quad (3-22)$$

对于中高收入国家的Ⅱ型集成创新企业,

$$\tau_F n_{O1} = \tau_N n_{O2} \quad (3-23)$$

对于中高收入国家的Ⅰ型原始创新企业,

$$\tau_M \theta n_N = \tau_F n_{M1} \quad (3-24)$$

对于中高收入国家的Ⅱ型原始创新企业,

$$\tau_F n_{M1} = \tau_N n_{M2} \quad (3-25)$$

我们感兴趣的变量为发达国家创新流 φ_N 和中高收入国家的创新流 $\varphi_M, \varphi_N = \varphi_M = \tau_N (n_{O2} + n_{M2})$,以及中高收入国家的原始创新流 $\varphi_C, \varphi_C = \tau_M \theta n_N = \tau_N n_{M2}$。

3.2.3 均衡解及比较动态分析

在稳定状态,发达国家的创新流等于中高收入国家的总创新流,等于中高收入国家的成本节约型对外直接投资流,创新流代表了一段时期内一国能够进行创新的产品种类，可以较好地衡量一国的自主创新能力[①]。由于模型中技术寻求型对外直接投资强度是外生的，而技术寻求型对外直接投资又与中高收入国家的原始创新成本直接相关，因此，我们能够通过比较动态分析得出对外直接投资对中高收入国家自主创新能力及其自主创新结构的影响。

由于模型中质量改进步长对所有种类的商品都是相同的，而且中高收入国家原始创新型企业的市场价值始终大于集成创新型企业的市场价值，因此，一旦技术寻求型对外直接投资的强度能够达到使中高收入国家原始创新的成本降低到原始创新型企业市场价值的水平，中高收入国家的企业类型将出现跳跃性变化，即所有企业都由集成创新类型向原始创新类型转变。基于此，我们只需分析最初和最终两个时期的均衡问题，而不必担心形成均衡的动态演变过程。

在初始期，$\theta = 0$，将 E 规范化为 1，分别将式（3-6）、式（3-10）、式（3-12）、式（3-14）式代入式（3-15）、式（3-16）、式（3-17），再将式（3-5）、式（3-7）、式（3-9）、式（3-11）、式（3-13）分别代入，结合式（3-18）、式（3-19）、式（3-20），将方程用我们感兴趣的创新流变量表示，整理得到含有五个方程的方程组：

$$1 - \frac{w_N}{\lambda} = (\rho + \tau_O) w_N a_N \tag{3-26}$$

$$1 - \frac{w_E}{w_N} = \rho w_N a_O \tag{3-27}$$

$$\frac{n_N}{\lambda} + \varphi_M (a_N + a_O) = L_N^* \tag{3-28}$$

$$\frac{1 - \varphi_M / \tau_N - n_N}{w_N} = L_E^* \tag{3-29}$$

$$\frac{w_N \varphi_M}{\tau_N} = L_S^* \tag{3-30}$$

这个方程组有 $w_N, w_E, n_N, \tau_N, \varphi_M$ 五个内生变量，有 $\lambda, \rho, \tau_O, a_N, a_O, L_N^*, L_E^*, L_S^*$ 八个外生变量，根据隐函数定理、链式法则和对应原理，我们能够研究在

---

① GANDOLFO G. International economics: the pure theory of international trade [M]. Berlin: Springer, 2010.

均衡点附近各外生变量的变化对内生变量的影响,从而进行比较静态/动态分析①。

根据比较动态分析的结果(证明参见附录),在初始期均衡状态可以得出两个命题。

命题1:技术寻求型对外直接投资强度的增加,能够带来中高收入国家的集成创新流、发达国家的创新流和中高收入国家的成本节约型对外直接投资流的增加,技术寻求型对外直接投资强度的增加,提升了中高收入国家的自主创新能力。成本节约型对外直接投资对自主创新能力的提升作用较为间接,效果不如技术寻求型对外直接投资明显②。

命题2:技术寻求型对外直接投资增加到一定强度将导致中高收入国家的自主创新类型发生跳跃性变化,由集成创新转变为原始创新。技术寻求型对外直接投资强度的增加不仅提升了中高收入国家的自主创新能力,还改变了中高收入国家的自主创新结构,促使创新类型由集成创新向原始创新转变。

在终期,$\theta=1$,这时我们感兴趣的变量是创新流量 $\varphi_N = \varphi_M = \varphi_C$。将 E 规范化为1,分别将式(3-6)、式(3-8)、式(3-10)、式(3-12)、式(3-14)代入(3-15)、式(3-16)、式(3-17),再将式(3-5)、式(3-7)、式(3-9)、式(3-11)、式(3-13)分别代入,结合式(3-18)、式(3-19)、式(3-20),将方程用我们感兴趣的创新流变量表示,整理得到含有五个方程的方程组:

$$1 - \frac{w_N}{\lambda} = w_N\, a_N(\rho + \tau_N) \tag{3-31}$$

$$1 - \frac{w_E}{\lambda} = \rho\, w_E\, a_M \tag{3-32}$$

$$\frac{\varphi_C}{\tau_M}\frac{1}{\lambda} + a_N\, \varphi_C = L_N^* \tag{3-33}$$

---

① GANDOLFO G. Economic dynamics [M]. Berlin: Springer, 2010.

② 实际上,技术寻求型对外直接投资强度的增加不仅能够提升中高收入国家的自主创新能力,同时也提升了发达国家的创新能力,并因而导致全球创新速率和技术进步速率的同步提升。由于本书研究的是对外直接投资对中国自主创新能力的提升作用,因此本节中我们的各命题重点关注了中国自主创新能力的变化,对于此问题以下不再赘述。

3 对外直接投资提升中国自主创新能力的一般理论分析框架

$$\frac{1}{\lambda}\frac{\varphi_C}{\tau_F} + a_M \varphi_C = L_E^* \qquad (3-34)$$

$$\frac{1}{\lambda}\frac{\varphi_C}{\tau_N} = L_S^* \qquad (3-35)$$

这个方程组有 $w_N, w_E, \varphi_C, \tau_M, \tau_N$ 五个内生变量，有 $\lambda, a_N, a_M, \rho, L_N^*, L_E^*, L_S^*, \tau_F$ 八个外生变量，根据隐函数定理、链式法则和对应原理，我们能够研究在均衡点附近外生变量的变化对内生变量的影响，从而进行比较静态/动态分析。

根据比较动态分析的结果（证明参见附录），在终期均衡状态可以得出命题3。

命题3：在中高收入国家的自主创新结构转换以后，成本节约型对外直接投资强度的增加能够带来中高收入国家的原始创新流、发达国家的创新流和中高收入国家的成本节约型对外直接投资流的增加，但与技术寻求型对外直接投资产生的影响不同的是，成本节约型对外直接投资强度的增加可能会引起原始创新强度的下降。因此，尽管成本节约型对外直接投资强度的增加仍然能够提升自主创新能力，但其对中高收入国家自主创新能力的提升作用相对较为间接，不如技术寻求型对外直接投资明显。

3.3 质量阶梯产品周期模型的中国化修正：隐含假定的进一步考察

上节构建的数理模型通过数学逻辑推理证明了中高收入国家能够利用对外直接投资提升自主创新能力，促进自主创新结构的转换。然而，在现实的经济生活中，一些中高收入国家尽管也进行了大规模的对外直接投资，但其自主创新能力却并没有得到明显的提升。例如，世界银行数据库的资料显示，从2014年到2018年，具有较高人均受教育水平和基础研究水平的俄罗斯对外直接投资占GDP的比重明显增加，由1.6%上升至2%，2018年的对外直接投资流量已经居世界第11位，但其创新能力在全球经济中的排名仅由49位提升到46位，基本没有发生变化。因此，现实经济中可能存在与模型运行环境不相一致的地方。一些学者指出，在创新经济学的背景下，理论模型有助于我们加深对相关问题的定性理解，但某些涉及收敛、扩散速度的定量问题，模型本身很难给出准确的答案，因为这类问题往往与模型的设定环境等隐含假定直接相关①。有鉴于此，我们必须对模型的运行环境进行更加深入的考察，以便能够得出更加切合实际的结论。

3.3.1 质量阶梯产品周期模型的隐含假定：完美预期

与质量阶梯产品周期模型相关的绝大多数文献都只讨论了关于消费者偏好、创新生产函数以及产品定价方式的假定，而没有指明模型的整体运行环境。这表明对于这类模型而言，整体运行环境已经是该领域学者所共知的隐含假定，不必再加以解释说明。那么，质量阶梯产品周期模型对于运行环境的隐含假定究竟是什么样的呢？《全球经济中的创新与增长》一书给出了答案。该书是质量阶梯产品周期模型的奠基之作，对模型的运行环境进行了简单说明，之后所衍生出的一系列研究则明显默认了作者对于经济运行环境的设定，因此没有必要在这一问题上浪费笔墨。

格罗斯曼和赫尔普曼指出，他们将采用一般均衡理论研究工业创新，在对于创新、贸易、投资和增长等问题的讨论中，都假定了经济决策者具有理性的预期，即在没有不确定性的条件下完美预期。因此，从信息的角度看，质量阶梯产品周期模型是在完全信息的环境下运行的。然而，由于先验地认为这种假设比其他假设更加可取，格罗斯曼和赫尔普曼并没有继续对这一环境设定给出更多的解释②。本研究认为，这种对模型运行环境的完美设定，在模型中具体表现在三个方面：

第一，消费者对产品的评价、喜好完全被研发企业知晓。在质量阶梯产品周期模型中，用户对产品的喜好完全反映在质量改进指标 λ 上，而这对于研发企业而言又反映在产品定价上。研发企业完全不需要花费时间、资源探索消费者究竟喜欢什么款式、性能的产品，整个经济系统已经设定了单一的质量指标（同时又反映为价格溢价）传递消费者对产品创新的全部信息，从用户到研发企业的信息是完全的，没有不确定性。

第二，企业在从事创新活动时，对其他企业的研发情况完全知晓。在质

---

① ACEMOGLU D. Introduction to modern economic growth [M]. Princeton：Princeton University Press，2009.

② GROSSMAN G M，HELPMAN E. Innovation and growth in the global economy [M]. Cambridge：MIT Press，1990.

3 对外直接投资提升中国自主创新能力的一般理论分析框架

量阶梯产品周期模型中,代表性企业对其他企业研发活动(甚至是可能进行的研发活动)的完美预期,充分体现在不会有两家企业从事同一研发活动的假设上。由于创新具有赢家通吃的特征,所有参与或打算参与某个研发项目的企业都能够事先预期到研发竞争的结果,因而都能够自觉地做出事后被证明是正确的决策。经济系统能够自动地选择最适于从事研发活动的企业,各研发企业之间信息是完全的,没有不确定性。

第三,企业对创新活动中所需要的科学技术、知识完全知晓。在质量阶梯产品周期模型中,企业掌握所有与创新相关的科学技术、知识,集中体现在研发强度与研发成功率始终呈线性正相关关系的假定上。由于企业能够了解哪些知识会对创新产生正的边际贡献,因此只要提高研发强度,研发成功的概率也将随之持续提升(尽管始终小于1)。质量阶梯产品周期模型中有关创新活动的不确定性,反映的是产品创新能力和产品需求环境之间的不确定性,而非创新资源搜寻、整合过程中的不确定性。从事创新的任何企业都能够掌握社会到目前为止已经积累的全部知识,整个研发过程所需要的科学技术信息是完全的,没有不确定性。

综上所述,正是由于秉承了完美预期的无摩擦隐含假定,在这种从用户需求到企业竞争,再到研发开展的整个创新过程都具有完全信息的环境中,我们的数理模型得出了中高收入国家的对外直接投资能够提升自主创新能力,促进自主创新结构转换的结论。

3.3.2 现实研发过程中预期的协调机制:协同创新

前文解释了质量阶梯产品周期模型是在无摩擦(完全信息)的完美预期环境下运行的,但现实的研发过程中信息是不完全的,并不存在完美的预期。一方面,从事创新活动的企业不可能无成本的完美预期到消费者对产品的喜好和评价,实际上,在正式研发之前即便投入了大量资源进行消费调研,企业依然很难完全掌握消费者对产品的喜好信息[1];另一方面,从事创新活动的企业不可能完全了解其他企业的研发信息并对其进行同等程度地处理,在现实经济生活中,为了尽可能充分地掌握对手的研发信息以便能够正确预期对方的行为,企业之间形成了异常复杂的创新网络,但即

---

[1] BAUDRILLARD J. La Société de consommation [M]. Paris: Gallimard, 2012.

便如此,在创新网络极为发达的美国,重复研发和专利重叠现象依然很严重[1];再一方面,企业自身所掌握的信息有限,处理信息的能力更为有限,不可能对创新活动中所需要的科学技术、知识具有完美预期,在现实经济生活中,企业为了顺利完成研发项目特别是原始创新层面的项目,往往需要积极搜寻并整合大学、科研院所和其他相关企业的外部知识,在这一信息搜寻和整合过程中依旧存在很多匹配和协调失灵的情况[2]。如果对创新资源的搜寻和整合存在不确定性,企业研发强度增加就未必能够持续不断地提升研发成功率。

在无摩擦的完全信息环境中,各个经济行为主体在做出任何决策时都能够进行理性预期,降低了制度运作的成本,提高了经济活动的效率。实际上,在完全信息的环境中,总是存在一个能够无偿提供任何信息的拍卖人,从而能够无成本地协调各经济主体的行为[3]。而在现实研发过程中,信息必定是不完全的,因此需要一套机制来披露、传递信息并有效协调各经济主体的预期,以尽可能接近理性预期的理想状态[4]。研究认为,协同创新是现实创新活动中降低交易成本,协调各方预期的重要机制。

将协同学引入经济学领域的先驱——德国科学家哈肯明确指出,经济系统中协同效应的高低取决于信息的完全程度和匹配程度[5]。协同创新是以知识增值为核心,企业、政府、知识生产机构(大学、研究机构)、中介机构和用户等,为了实现重大科技创新而开展的大跨度整合的创新组织模式[6]。协同创新的本质是一种重要的管理创新,是组织内部形成的信息交流和知识分享机制,能够为现实或潜在的创新活动参与者形成正确的预期提供组织设计和制

---

[1] VARIAN H R, FARRELL J, SHAPIRO C. The economics of information technology: an introduction [M]. Cambridge: Cambridge University Press, 2004.

[2] 杜维,马阿双. 联盟企业失败知识协同创新的动态决策模型 [J]. 软科学, 2018 (1): 62 – 72.

[3] 安德鲁·马斯-科莱尔,迈克尔·温斯顿,杰里·格林. 微观经济理论 [M]. 上海:上海财经大学出版社, 2014.

[4] 贾康,冯俏彬,苏京春. "理性预期失灵":立论、逻辑梳理及其"供给管理"矫正路径 [J]. 财政研究, 2014 (10): 2 – 11.

[5] DOPFER K. The evolutionary foundations of economics [M]. Cambridge: Cambridge University Press, 2005.

[6] 陈劲,阳银娟. 协同创新的理论基础与内涵 [J]. 科学学研究, 2012 (2): 161 – 164.

3 对外直接投资提升中国自主创新能力的一般理论分析框架

度支持[①]。协同创新聚焦的重点是实现知识、技术和产品的共享目标,通过多方位交流和多样化协作有效地协调各研发主体的行为,促进创新合作[②],其作用在于通过构建知识生产、知识转移和知识利用的畅通网络,协调各方的创新活动,使复杂系统成为有序系统,并产生强大的正能量[③]。总之,协同创新以大范围、开放式的创新网络为基础,搭建了各创新主体进行信息交流和沟通的平台,减少了创新活动中的不确定性,从而有利于促使各创新主体形成正确的信念和预期。研究认为,协同创新对各方预期的协调作用体现在三个方面。

第一,通过创新平台将用户和企业整合起来。协同创新减少了新技术供给和需求之间的不确定性,有利于形成对产品设计的正确预期。协同创新使得用户和企业能够在统一的平台上及时交流想法,沟通理念,共同推动理想产品的问世。一方面,企业在与用户频繁交流的过程中,最大限度地了解了用户对产品功能、外观和体验的需求信息,从而能够形成对产品概念更为准确的预期,并据此开展产品设计;另一方面,企业将产品设计过程中面临的技术困难,及由此可能导致的产品外观、性能的改变等信息及时反馈给用户,用户便能够在此基础上对理想产品的特性进行重新评估,适当取舍,以形成对产品特征和成本更为准确的预期。经过这种反复的交流、互动,用户和企业的预期逐渐达成一致,理想产品也得以定型。

第二,通过构建广泛联结各类企业的技术创新网络,协同创新减少了研发协作过程的不确定性,有利于创新企业形成对其他企业创新行为的正确预期。协同创新使得具有竞争和合作关系的企业能够及时了解对方的研发进展情况,从而有针对性地调整自己的研发战略,提高整体创新效率。一方面,具有竞争关系的企业利用创新网络,能够广泛深入地了解竞争对手的研发目标、研发能力和研发进度,进而适时对自己的研发战略做出调整,在此基础上形成的对竞争企业创新行为的正确预期有利于避免重复研发,减少对创新资源的浪费;另一方面,具有合作关系的企业利用创新网络能够以较低的信

---

① 张力. 产学研协同创新的战略意义和政策走向 [J]. 教育研究, 2011 (7): 18-21.
② 刘颖,胡珑瑛,王钢. 分布式协同创新网络中任务冲突机理研究 [J]. 管理世界, 2017 (7): 180-181.
③ 叶伟巍,王翠霞. 知识:国家创新系统的协同本质 [M]. 杭州:浙江大学出版社, 2015.

息成本搜寻互补性资源,加强上下游企业的研发协作,进而提高合作创新企业之间的知识匹配程度。经过这种大范围、开放式协同创新网络对研发信息的持续披露,参与创新活动的企业不仅能够适时调整研发战略,也逐渐形成了对其他企业创新行为的正确预期。

第三,通过密切企业和知识生产机构的联系,协同创新减少了整合创新活动中需要的科学技术、知识面临的不确定性,有利于形成对创新方向的正确预期。协同创新使得知识生产机构和知识利用机构异常紧密地结合起来,促进了研发过程中所需要的各种创新资源的有效整合,为科技创新指明了前景。一方面,通过与企业的密切接触,知识生产机构能够更好地了解经济社会所急需的知识类型,从而得以调整人才培养方向和培养模式,有助于解决科研导向的创新未必被市场接受的问题;另一方面,通过与知识生产机构的积极合作,企业能够获取较为先进的科学技术、知识,使企业突破了在前沿领域创新过程中经常遭遇的知识瓶颈,增强了企业自身的知识吸收以及整合能力,有助于解决市场导向的创新未必具备持久竞争力的问题。知识生产机构和知识利用机构的有机结合将前沿科学技术推向了市场,同时又将经济社会需求带进了课堂,在这一过程中,对创新方向的正确预期也得以形成。

综上所述,我们可以看到,不同于经济决策者拥有完美预期因而无须考虑协调问题的理想研发环境,在有摩擦的、信息并不完全的现实研发过程中,协同创新起到了协调各方预期的重要作用,降低了预期的不完美程度。

3.3.3 现实环境中的质量阶梯产品周期模型: 对基本结论的再考察

上文对质量阶梯产品周期模型的隐含假设进行了分析,发现质量阶梯产品周期模型是在完美预期的无摩擦理想环境下运行的。下面我们放宽约束条件,研究不存在完美预期的情形。研究认为,在不完全信息的条件下,协同创新发挥了降低不确定性,促进信息流动和共享,协调创新活动中各方预期的重要作用。为了得出更加贴合现实的结论,我们将质量阶梯产品周期模型移入现实经济环境,探讨在现实研发环境中数理模型得到的结论是否会发生改变。

探讨在现实经济环境中质量阶梯产品周期模型的基本结论是否改变,需分析两个问题:第一,原模型中的基本结论依赖于哪些内在机制?第二,现

3 对外直接投资提升中国自主创新能力的一般理论分析框架

实经济环境对这些内在机制施加了怎样的影响？

针对第一个问题，本章第一节和第二节对模型运行的内在机制进行了详细分析，分别是结构转换机制、市场竞争机制、资源配置机制和知识获取机制。在四种内在机制的作用下，对外直接投资提升了自主创新能力，促进了自主创新结构的转换。于是，中国化的质量阶梯产品周期模型得出了三个命题1的基本结论。

针对第二个问题，在信息不完全的现实研发环境中，不完美预期体现在三个方面：第一，企业对消费者喜好信息预期不完美；第二，企业之间对研发活动信息预期不完美；第三，企业对完成创新所需要的科学技术信息预期不完美。其中，第一种不完美预期对知识获取机制产生了影响，第二种不完美预期对市场竞争机制和资源配置机制产生了影响，第三种不完美预期对结构转换机制产生了影响。

在知识获取机制下，企业通过对外直接投资获取国外关于产品架构、生产制造技术的相关知识，并结合本国市场需求设计出具有本土化特质的新产品。企业对消费者喜好信息的不完美预期直接导致在创新过程中企业必须投入更多的资源进行消费调研，即使这样，也仍然存在对市场信息预判错误的可能。这种不完美预期一方面增加了企业在进行对外直接投资时的搜寻成本；另一方面也降低了企业自主创新的成功概率。这种影响在模型中集中体现为对外直接投资强度与研发成功概率的关系。考虑到企业对消费者喜好信息的不完美预期，在相同的对外直接投资强度下，研发成功的概率会更低，而为了确保一定的研发成功概率则需要更大的对外直接投资强度。但是，在质量阶梯产品周期模型中，对外直接投资强度与研发成功概率的正相关设定始终没有改变①。因此，在其他条件不变的情况下，从定性的角度看，企业对消费者喜好信息的不完美预期，并没有影响对外直接投资对自主创新能力的提升作用；从定量的角度看，这种不完美预期确实降低了对外直接投资通过知识获取机制提升自主创新能力的速率，减小了对外直接投资提升自主创新能力的效果。

在市场竞争机制下，中低收入国家拥有低成本优势，高收入国家拥有原始创新优势，为了在激烈的国际竞争中胜出，中高收入国家的企业只能通过

---

① AGHION P, HOWITT P. Endogenous growth theory [M]. Cambridge MA: MIT Press, 1998.

对外直接投资增强自主创新能力,跳背式的创新竞赛进一步强化了对外直接投资对自主创新能力的提升效应。在资源配置机制下,中高收入国家的企业利用中低收入国家较低的成本优势,以对外直接投资的方式将技术含量相对较低的生产活动转移到这些国家,为本国进行更高技术含量产品的制造和研发腾出了资源和空间。企业之间对研发活动信息的不完美预期,增加了企业在制定研发战略时被误导的可能性,进而导致研发资源的浪费和研发竞争的减弱。就资源配置机制而言,企业之间对研发活动信息的不完美预期,一方面可能造成为实现同一创新计划而进行重复性的对外直接投资;另一方面也可能造成为利用对外直接投资促进创新结构转换的积极效果而进行重复性的原始创新投资。这种研发资源的浪费降低了资源配置效率,减缓了中高收入国家的创新速率。就市场竞争机制而言,研发战略的错误和研发资源的浪费会减慢中高收入国家的创新速率,因而也减慢了国际研发竞争速率[1]。在较小的研发竞争压力下,中高收入国家利用对外直接投资提升自主创新能力的激励也相应减弱。值得注意的是,市场竞争机制依赖于垂直创新模型中"创造性破坏"的特征[2],资源配置机制依赖于不同国家之间的要素成本差异[3],企业之间对研发活动信息的不完美预期,并没有对这些设定做出任何根本性改变。综上所述,企业之间对研发活动信息的不完美预期,减小了对外直接投资提升自主创新能力的效果,但并没有影响对外直接投资对自主创新能力的提升作用。

在结构转换机制下,中高收入国家的企业根据本国市场需求的特点,通过对外直接投资有针对性地获取国外关于产品架构和生产制造技术的相关知识,并在应对国内市场需求变动的过程中将其逐渐内化为自身的设计能力,从而降低了企业进行原始创新的成本。企业对完成创新所需要的科学技术信息的不完美预期,使对外直接投资获取的知识不适应国内市场需求的可能性增加,直接提高了知识成功匹配的难度,并因此降低了企业有效学习的效率。在中国化的质量阶梯产品周期模型中,企业对完成创新所需要的科学技术信

---

[1] 国际研发竞争速率表现为在国际上产品质量改进的速率。
[2] AGHION P, HOWITT P. The economics of growth [M]. Cambridge MA: MIT Press, 2009.
[3] GROSSMAN G M, HELPMAN E. Innovation and growth in the global economy [M]. Cambridge: MIT Press, 1990.

3 对外直接投资提升中国自主创新能力的一般理论分析框架

息的不完美预期集中体现在函数 $a'_M(\tau_O)$ 的形式上,这种预期直接降低了该函数的变化速度,从而影响了对外直接投资降低原始创新成本的速率。尽管如此,$a'_M(\tau_O) < 0$ 的设定并没有因这种预期而改变。于是,企业对完成创新所需要的科学技术信息的不完美预期,对结构转换机制的影响仅停留在定量的层面,即这种不完美预期减小了对外直接投资提升自主创新能力的效果,但并没有影响对外直接投资对自主创新能力的提升作用。

通过分析发现,在信息不完全的现实研发环境中,不完美预期对中国化的质量阶梯产品周期模型中基本结论的影响,主要体现在定量方面(对速率的影响),并没有改变定性分析的结果(对正相关关系的影响)。不完美预期减小了对外直接投资提升自主创新能力的效果,但并没有影响对外直接投资对自主创新能力的提升作用。

前文论述了在现实研发活动中,协同创新能够协调各方预期,降低预期的不完美程度。因此,协同创新水平越高,对外直接投资提升自主创新能力的效果受到不完美预期的制约越小,现实经济系统越贴近完美预期的理想状态。基于此,我们对质量阶梯产品周期模型隐含假定的进一步考察得出了命题4的结论。

命题4:在信息不完全的现实研发环境中,中高收入国家的对外直接投资依然有利于提升自主创新能力,促进自主创新结构的转换。但对外直接投资对自主创新能力的提升作用受到协同创新水平的调节,协同创新水平越高,对外直接投资对自主创新能力的提升作用越明显[1]。

---

[1] 一方面,对外直接投资企业与东道国的上下游企业、大学和科研院所联系的密切程度,决定了企业能够在多大程度上获取国外的技术、知识,以及在多大程度上嵌入东道国的创新网络;另一方面,对外直接投资企业将在国外获取的技术、知识转移到国内的过程中,协同创新水平也直接决定了能够产生多大程度的学习效应。只有中高收入国家建立起较完善的联系企业、大学和科研院所的协同创新网络,通过对外直接投资获取的外部科学技术、知识才能被更多的创新主体所吸收,才能通过集体学习的强大协同效应快速提升中高收入国家的自主创新能力。否则,获取的外部知识仅被少数创新主体所吸收,不仅会减缓知识扩散的速度,还会造成重复创新,浪费研发资源,降低对外直接投资对自主创新能力的提升效果。

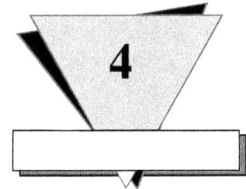

对外直接投资提升中国自主创新能力的实证检验

4 对外直接投资提升中国自主创新能力的实证检验

本章以世界上最大的中高收入国家——中国的经验数据为基础，通过计量经济分析方法对上一章理论分析得出的基本结论进行验证。采用中国的经验数据有三个方面的优势：第一，中国是世界上最大的中高收入国家，国内各区域之间资源、要素禀赋分布和经济发展程度很不平衡，文化习俗也存在差异，因而中国不同省份的经验数据在一定程度上能反映出具有不同资源禀赋的其他中高收入国家的特征，从而使得由中国的经验数据得出的实证分析结论具有一定的世界意义；第二，中国政府实施了走出去战略，积极推动企业开展跨国经营，近十年来，中国的对外直接投资迅猛增长，已经成为世界上重要的对外直接投资国之一，因而基于中国的经验数据得出的实证分析结论具有典型性；第三，中国有 30 多个省级行政单位，特别适合面板数据的搜集整理，从而使得数据集能够包含大量的样本，因而计量经济分析得到的结果更加有效。

4.1 基本假说和模型设定

4.1.1 基本假说

根据第 3 章对中国化的质量阶梯产品周期模型进行理论分析和数理推导得出的结论，我们在本章将检验三个基本假说。

假说 1：对外直接投资对中国的自主创新能力有正向影响；与成本节约型对外直接投资相比，技术寻求型对外直接投资对自主创新能力的正向影响应当更加明显。

假说 1 将第 3 章中命题 1、命题 3 和命题 4 的基本结论结合起来。在第 3 章中国化的质量阶梯产品周期模型中，中高收入国家的技术寻求型对外直接投资能够获取发达国家先进的科学技术、知识，并能够通过学习的外部效应逐渐加深对产品架构和设计的理解，在此基础上结合对国内市场的深刻把握，有助于切实提高自主创新能力；成本节约型对外直接投资将部分生产过程转移到中低收入国家，为中高收入国家从事研发强度更高的经济活动腾出了资源和空间。因此，经验数据应当能够支持中高收入国家对外直接投资对自主创新能力的提升作用，即对外直接投资能够对中国的自主创新能力产生正向影响。此外，由于技术寻求型对外直接投资主要发挥了获取技术、知识，并提高企业学习能力的直接作用，成本节约型对外直接投资发挥的只是调节资源配置的间接作用。而且，成本节约型对外直接投资实际上从属于技术寻求型对外直接投资，即只有先通过技术寻求型对外直接投资获取技术、知识并予以二次创新，中高收入国家才有可能将二次创新的技术以成本节约型对外直接投资的形式转移到中低收入国家。基于此，本研究认为，技术寻求型对外直接投资对自主创新能力的提升作用应当更加明显。

假说2：对外直接投资对中国的自主创新结构有正向影响，增加对外直接投资能够促使自主创新结构向以原始创新为主的模式转换，与成本节约型对外直接投资相比，技术寻求型对外直接投资对中国自主创新结构的正向影响应当更加明显。

假说2主要反映了由第3章中命题2和命题4得出的基本结论。在第3章中国化的质量阶梯产品周期模型中，随着产品架构能力的不断提升，技术寻求型对外直接投资强度的增加，能够逐渐降低中高收入国家的企业进行原始创新的成本。技术寻求型对外直接投资的强度增加到一定的阈值，会使进行原始创新变得更有吸引力，导致各产业的创新模式开始由集成创新向原始创新转变。在这一转变过程中，有越来越多的研发活动需要在中高收入国家开展，于是增加了对国内创新资源的需求，成本节约型对外直接投资发挥了释放国内资源要素的作用①。因此，对外直接投资有利于促进中国自主创新结构的转换。此外，由于技术寻求型对外直接投资更加直接地影响了中高收入国家的原始创新成本，而成本节约型对外直接投资的影响方式较为间接，本研究认为，技术寻求型对外直接投资促进自主创新结构转换的作用也应当更加明显。

假说3：对外直接投资对自主创新能力和自主创新结构的提升作用受到协同创新水平的调节，协同创新水平越高，对外直接投资对自主创新的提升作用越明显。现阶段由于中国的协同创新刚刚起步，较低的协同创新水平制约了对外直接投资对中国自主创新的提升作用，协同创新对中国自主创新的影响在统计上不显著为正。

假说3反映了第3章中命题4的基本结论。中高收入国家的协同创新水

---

① 成本节约型对外直接投资强度的增加，提高了产品被发达国家模仿的可能性，增加了发达国家生产产品的种类，为技术寻求型对外直接投资提供了更多可供选择的产品，但这种影响依然是间接的。

平，决定了对外直接投资能够在多大程度上提升自主创新能力和自主创新结构。对此，本书3.3节进行了详尽的理论分析。中高收入国家的协同创新机制越完善，对外直接投资对自主创新能力的提升作用越大。要构建完善、健全的协同创新体制机制，不仅需要密切各行业之间研发人员的协作，进一步扩展创新网络，还要积极、迅速地将对外直接投资获取的技术、知识、理念整合进该协同创新网络，使之能够被国内更多的研发人员理解和接受，加快知识扩散的进程。中国的对外直接投资只是在走出去战略实施以后才开始迅速增长，对发达国家的技术寻求型对外直接投资迅猛增长是2008年以后才出现的情况，而协同创新平台的建设则是从2011年之后才得以重点开展。在这一较短的时间内，中国可能还没有建立起完善的协同创新机制，各机构研发人员之间的创新协作可能也还未全面开展。因此，我们预测在现阶段，国内的研发人员还没有与对外直接投资形成良性互补效应，协同创新的调节作用不强，较低的协同创新水平限制了对外直接投资对中国自主创新能力的提升作用。

4.1.2 模型设定

以往对创新能力的经验研究多采用知识生产函数（KPF）的方法[①]：

$$INN_{i,t} = a \times (RDI_{i,t})^{\alpha} \tag{4-1}$$

式（4-1）中 $INN_{i,t}$ 表示区域（国家/地区）i 在 t 时期的创新能力或创新绩效；RDI_i 表示区域（国家/地区）i 在 t 时期的研发投入。式（4-1）假定了创新产出是创新（研发）投入的函数，使得相关数据很容易获取，因而在有关创新活动的计量经济分析中得到了广泛应用[②]。依据4.1.1的基本假说，在参考国内外相关经验研究成果[③]的基础上，在这个方程的基础上进行了扩充并纳入了其他的控制变量：

$$INN_{i,t} = A \times (RDI)_{i,t}^{\alpha} \times (OFDI)_{i,t}^{\beta} \times Z_{i,t}^{\theta} \tag{4-2}$$

---

① GRILICHES Z. Issues in assessing the contribution of R&D to productivity growth [J]. Bell journal of economics, 1979, 10 (1): 92-116.

② COHEN W M, LEVINTHAL D A. Innovation and learning: the two faces of R&D [J]. The economic Journal, 1989, 99 (397): 569-596.

③ 韩先锋，惠宁，宋文飞. OFDI 逆向技术溢出效应提升的新视角：基于环境规制的实证检验[J]. 国际贸易问题, 2018 (4): 103-116.

式（4-2）中 $OFDI_{i,t}$ 表示区域（国家/地区）i 在 t 时期进行的对外直接投资；$Z_{i,t}$ 是以向量形式表示的区域 i 在 t 时期的若干控制变量。学者认为①，主要应当包括区域内每万人中研发人员数量（$res_{i,t}$），区域内向型FDI（$ifdi_{i,t}$）的数量，以及区域的实际 GDP 增长率（$GDP_{i,t}$），以分别控制区域内研发、内向型技术溢出和区域内市场需求对自主创新能力造成的影响。

对式（4-2）两边取对数便可以得到待估计的回归模型：

$$\ln(INN_{i,t}) = a + \alpha \times \ln(RDI_{i,t}) + \beta \times \ln(OFDI_{i,t}) + \gamma \times \ln(Z_{i,t}) + \varepsilon_{i,t} \quad (4-3)$$

式（4-3）中 $a = \ln(A)$，$\varepsilon_{i,t}$ 是独立同分布的误差项。给定计量模型的对数形式，回归估计的系数值就可以解释为因变量对自变量的弹性。为了进一步检验协同创新的调节作用，在模型（4-3）中引入对外直接投资与国内研发人员数量的交互项②，因而方程（4-3）被改写为：

$$\ln(INN_{i,t}) = a + \alpha \times \ln(RDI_{i,t}) + \beta \times \ln(OFDI_{i,t}) + \gamma \times \ln(Z_{i,t}) + \delta \times \ln(OFDI_{i,t}) \times \ln(RES)_{i,t} + \varepsilon_{i,t} \quad (4-4)$$

4.2 估计方法和变量描述

4.2.1 估计方法

很多学者指出，在估计对外直接投资对自主创新影响的时候很容易出现逆向因果关系，即自变量影响因变量，但因变量同时也影响自变量③。一方面，对外直接投资通过学习效应和资源配置效应等提升自主创新能力；另一方面，自主创新能力越强的企业越偏向于进行对外直接投资，以巩固自己的竞争优势④。国内外很多研究已经证实，区域/企业的自主创新能力是促使其

---

① HAMIDA L B, LEJEUNE C. Knowledge transfer in multinatinal companies: sharing multiple perspectives [M]. Paris: L'Harmattan, 2016.

② 对引入交互项的进一步说明见 4.2.2 节核心变量的解释。

③ CAVES R. Multinational enterprise and economic analysis [M]. Cambridge: Cambridge University Press, 2007.

④ MARREWIJK C V. International trade [M]. Oxford: Oxford University Press, 2017.

进行对外直接投资的重要动力①。因此，这种逆向因果关系可能带来比较严重的内生性问题。在这种情况下，使用普通最小二乘法和面板固定效应/随机效应法得出的估计结果可能是不一致的。为了解决可能存在的内生性问题，我们将使用面板工具变量的方法对模型进行估计。对于面板数据而言，内生解释变量的滞后变量常被作为有效的工具变量②。现有研究证实，对外直接投资通常表现为持续性活动，因而对外直接投资的滞后值与当期对外直接投资具有明显的相关性。同时，由于当期的创新能力不可能影响过去的对外直接投资行为，因而对外直接投资的滞后值是较为合适的外生工具变量③。

首先，使用面板固定效应和随机效应的方法对模型（4-4）进行估计，之后通过豪斯曼检验，检验是否存在内生性问题，从而决定是否需要进一步使用面板工具变量法对模型进行重新估计。

4.2.2 变量描述和数据来源

被解释变量：自主创新能力（INN），用区域每年每万人被授权专利的自然对数值衡量④。尽管并非所有的创新产出都能够被授予专利，但相比于其他衡量创新产出的指标，如全要素生产率变化率、新产品销售额等，专利数量提供了对创新能力更为准确的度量，在大多数实证研究中被广泛采用。原因在于一方面，学界对"新产品"的界定比较松散，企业有过高报告新产品份额的倾向，以便从国家获取更多补贴⑤；另一方面，在世界各国，专利审批都具有比较严格的标准，因而专利数据提供了对创新产出较为准确和一致的衡量指标，便于进行国际比较。由于模型（4-4）既要检验对外直接投资对自主创新的总体效应又要检验结构效应，我们还纳入了衡量自主创新结构（自主创新中原始创新所占的比重）的因变量 Str，用发明专利占授权专利总量的

---

① MARKUSEN J R. Multinational firms and the theory of international trade [M]. Cambridge: MIT Press, 2002.

② 陈强. 高级计量经济学及 Stata 应用 [M]. 北京：高等教育出版社，2014.

③ DUNNING J H, LUNDAN S M. Multinational enterprises and the global economy [M]. Cheltenham: Edward Elgar Publishing, 2008.

④ 傅晓岚. 中国创新之路 [M]. 北京：清华大学出版社，2017.

⑤ LI J, STRANGE R, et al. Outward foreign direct investment and domestic innovation performance: evidence from China [J]. International business review, 2016, 25 (5): 1010–1019.

比例表示。一般而言，与外观设计专利和实用新型专利相比，发明专利的科技含量和原创性程度都更高，因此发明专利占授权专利总量的比例能够衡量自主创新中的原创性程度①。

核心解释变量：对外直接投资（OFDI）。用区域每年对外直接投资额与当年 GDP 比值的自然对数衡量，根据上节的假说，其系数值预期大于 0。由于采用比值的方法对数据进行处理，自变量同时考虑到了不同区域的相对经济规模带来的不同影响。此外，为了检验协同创新对于对外直接投资提升自主创新能力的调节作用，引入了对外直接投资与国内研发人员数量的交互项 $abs(\ln(OFDI) \times \ln(RES))$，衡量协同创新水平，预期系数值在统计上不显著为正。本研究使用对外直接投资与国内研发人员的交互项衡量区域协同创新水平的原因有两个方面：一方面，企业通过对外直接投资获取的科学技术、知识需要经由国内研发人员的交流、传播，才能逐渐扩散到整个经济系统，进而成为自主创新的知识源泉，对外直接投资与国内研发人员之间的互动衡量了开放式协作创新网络的完善程度，一定程度上能够反映协同创新水平的高低②；另一方面，企业通过对外直接投资将不再具有竞争优势的生产过程转移到其他国家和地区，为母国开展创新活动腾出资源和空间，对外直接投资与国内研发人员之间的互动，衡量了生产资本输出条件下本国创新资源的配置效率，一定程度上也反映出协同创新水平的高低③。

控制变量：在参考现有文献的基础上选取了区域内研发强度（$EXP_{i,t}$），区域内研发人员投入（$RES_{i,t}$），区域内向型对外直接投资（$IFDI_{i,t}$），以及区域的实际 GDP 增长率（$GDP_{i,t}$）作为控制变量，以捕捉区域内研发资本投入、人力资本投入、国际投资开放程度，以及居民消费需求对自主创新能力造成的影响。分别用区域每年的研发支出与当年 GDP 比值的自然对数，区域内每万人中研发人员数量的自然对数，区域内向型对外直接投资的自然对数，以及区域实际 GDP 增长率表示。

数据集由中国省级层面的面板数据构成。由于中国的对外直接投资数据

---

① 布朗温·霍尔，内森·罗森伯格. 创新经济学手册[M]. 上海：上海交通大学出版社，2017.
② 叶伟巍，王翠霞. 知识：国家创新系统的协同本质[M]. 杭州：浙江大学出版社，2015.
③ HAMIDA L B, LEJEUNE C. Knowledge transfer in multinatinal companies: sharing multiple perspectives[M]. Paris: L'Harmattan, 2016.

自2004年开始有权威且详细的统计资料,而2005年以前有多个省份的数据缺失,西藏的相关数据缺失尤为严重。基于以上考虑,我们将统计数据集确定为中国30个省域2005—2017年的面板数据。原始数据来源于历年《中国统计年鉴》《中国对外直接投资统计公报》《中国人口和就业统计年鉴》,以及《中国科技统计年鉴》。由于样本跨越的时间区间较大,为了使不同年份的数据具有可比性,对所有的名义变量都以2005年作为基期进行了GDP平减处理。数据的处理及回归采用Stata13.0软件,各变量的描述性统计见表4-1。

表4-1 各变量描述性统计

变量名称	变量定义	观测值	均值	标准差	最小值	最大值
INN	各区域每万人专利授权量(件)	390	6.065	8.641	0.145	49.269
Str	授予专利中发明专利占比	390	15.607	7.277	4.329	43.097
OFDI	OFDI占区域GDP的比例	388	0.386	0.724	0	6.663
USODI	对美国直接投资占区域GDP的比	388	0.081	0.317	0	3.143
Abs	OFDI与RES的交互项	388	-4.301	3.289	-17.294	8.224
Abs1	对美国的OFDI与RES的交互项	388	-12.122	4.681	-28.653	5.450
EXP	各区域研发支出占GDP比例	390	1.417	1.052	0.178	6.014
RES	各区域每万人中研发人员数(人)	390	21.698	23.478	1.446	124.308
IFDI	各区域内向型FDI数量(亿美元)	390	64.112	71.835	0.150	357.596
GDP	各区域的实际GDP增长率	390	0.089	0.021	-0.025	0.162

4.3 实证结果分析

4.3.1 平稳性检验

由于数据集为2005—2017年的面板数据,时间跨度较长(13年),为了避免出现伪回归等问题,在进行正式的计量经济分析之前,首先需要对面板数据进行平稳性检验。为了确保平稳性检验的可靠性,我们分别采用了LLC方法和PP方法对相应变量进行平稳性测试,检验的具体结果见表4-2。

表4-2 平稳性检验的结果

变量名称	LLC 检验		PP 检验	
	统计量	P 值	统计量	P 值
ln(INN)	-7.372	0.000	5.186	0.000
Str	-9.073	0.000	8.021	0.000
ln(OFDI)	-7.898	0.000	11.021	0.000
ln(USODI)	-14.976	0.000	45.142	0.000
ln(RES)	-12.401	0.000	12.016	0.000
ln(EXP)	-9.513	0.000	32.431	0.000
ln(IFDI)	-4.698	0.000	3.570	0.001
Abs	-8.687	0.000	7.341	0.000
Abs1	-6.457	0.000	4.262	0.003
GDP	-6.324	0.000	6.477	0.002

由表4-2可见，实证研究需要的所有变量都通过了1%显著性水平下的LLC检验和PP检验，表明面板数据集是平稳的，满足进行面板数据计量经济分析的基本要求。在上述检验的基础上，可以正式考察中国对外直接投资对自主创新能力的提升效应。

4.3.2 普通最小二乘法估计及内生性检验

对于面板数据的估计策略通常有固定效应模型和随机效应模型两种，以INN为因变量，分别使用这两种模型对式（4-4）进行估计，并在此基础上对两种模型进行了豪斯曼检验，结果见表4-3。可以发现，豪斯曼检验的P值为0.0000，强烈拒绝随机效应模型更优的原假设，因此，使用固定效应模型估计方程（4-4）更为合适。

表4-3 固定效应模型与随机效应模型的估计结果及豪斯曼检验

变量	固定效应模型	随机效应模型
ln(OFDI)	-0.003	0.060
	(0.041)	(0.040)
ln(RES)	1.659***	1.446***
	(0.131)	(0.150)

续表

变量	固定效应模型	随机效应模型
ln(EXP)	-0.250	-0.311*
	(0.203)	(0.165)
ln(IFDI)	0.224***	0.173***
	(0.033)	(0.041)
Abs	0.061***	0.057***
	(0.014)	(0.015)
R^2	0.804	0.841
豪斯曼检验	P值为0.0000	

注：*，**，***分别表示10%，5%，1%的显著性水平，括号内的数值表示标准差。

正如表4-3所示，对外直接投资对中国自主创新能力的直接提升作用在统计上并不显著，而对外直接投资与国内研发人员的交互项系数在统计上却非常显著，表明区域的研发人员投入越多，对外直接投资对该地区自主创新能力的提升作用越明显。在这种情况下，对外直接投资主要通过间接作用提升自主创新能力，直接影响效果却微乎其微。然而，这与当前中国技术寻求型对外直接投资占比不断上升的经济发展实践并不相符。更为重要的是，在这种情况下，理论上可能导致出现多种均衡的结果。研发人员投入较多的地区有动力进行对外直接投资，而初始期研发人员投入低的地区将没有激励进行对外直接投资，因为对外直接投资带来的正向边际效应太小。因此，一个地区如何实现由低水平均衡向高水平均衡的转变就成为一个谜题。在第3章中国化的质量阶梯产品周期模型中，是对外直接投资不断增加才促成了中高收入国家自主创新部门的扩张以及自主创新结构的变迁，从而增加了对研发人员的需求，拉动经济由中高收入阶段向高收入阶段迈进。总之，无论从理论上还是实践上，面板固定效应模型的回归结果都不能令人满意。实际上，很多学者已经指出了拥有创新能力是企业进行对外直接投资的前提条件。因此，我们有理由怀疑原模型中的解释变量ln(OFDI)存在较严重的内生性问题。

为了判定原模型是否存在内生性问题，我们以ln(OFDI)的滞后项作为工具变量对方程（4-4）进行面板工具变量回归，并对普通最小二乘法的估计结果①和面板工具变量法的估计结果进行了豪斯曼检验。豪斯曼检验得到的卡方统计量为28.54，P值为0.0000，强烈拒绝变量 ln（OFDI）为外生变量的原假设。因此，普通最小二乘估计量明显是不一致的。在这种情况下，无论我们如何进一步扩大样本容量，OLS估计量都不会收敛到真实的总体参数。为了解决这一问题，我们应当使用面板工具变量法对方程（4-4）进行估计。

4.3.3 面板广义矩估计法的估计结果

在进行面板工具变量估计之前，首先需要对工具变量进行过度识别检验，我们使用 ln（OFDI）的一阶和二阶滞后项作为工具变量。面板数据过度识别检验的结果表明，P值为0.9452，因此接受原假设，即所有的工具变量都是外生的，与扰动项不相关②。不可识别检验表明在5%的显著性水平上拒绝了工具变量和内生变量不相关的原假设，因而工具变量是有效的。由于模型中工具变量的个数多于内生解释变量的个数，而且不同省域的扰动项之间很可能存在异方差，对面板数据进行广义矩估计（GMM）会更有效率，于是我们采用面板广义矩估计法估计方程（4-4），估计结果见表4-4。

表4-4 广义矩估计法估计结果

模型		模型1	模型2	模型3	模型4
		因变量			
		ln（INN）	ln（INN）	Str	Str
自变量	ln（OFDI）	2.623** (1.125)	—	0.095* (0.054)	—
	ln（USODI）	—	3.602** (1.797)	—	0.118* (0.067)
	ln（RES）	-2.593 (1.883)	-6.713 (4.284)	-1.481 (0.091)	-2.646 (0.183)

---

① 在不关注个体异质性系数的情况下，面板固定效应模型等同于最小二乘虚拟变量模型，因此，实际上也能够判断面板固定效应模型是否存在内生性问题。

② 不同模型下过度识别检验的P值都汇报在表4-4中。

续表

模型		模型1	模型2	模型3	模型4
		因变量			
		ln(INN)	ln(INN)	Str	Str
自变量	ln(EXP)	1.503* (0.882)	1.659* (1.015)	0.123*** (0.048)	0.123** (0.052)
	ln(IFDI)	0.501*** (0.189)	0.552** (0.242)	0.013 (0.009)	0.013 (0.010)
	GDP	0.154* (0.086)	0.156* (0.089)	0.137* (0.084)	0.142* (0.086)
	Abs	-0.725** (0.336)	—	-0.025 (0.016)	—
	Abs1	—	-1.012* (0.528)	—	-0.031 (0.023)
不可识别检验		P值:0.045	P值:0.043	P值:0.045	P值:0.043
过度识别检验		P值:0.945	P值:0.837	P值:0.844	P值:0.965
观测值		328	328	328	328
区域数		30	30	30	30

注：*，**，*** 分别表示10%，5%，1%的显著性水平，括号内的数值表示标准差。

模型1是以各区域每万人专利授权量为被解释变量，各区域对外直接投资总量占GDP的比值为解释变量进行回归的结果。结果显示对外直接投资对区域自主创新能力有显著的正向直接影响，估计系数为2.623，表明假如对外直接投资占GDP的比重提高1%，将使万人专利授权量提高2.623%。Abs变量系数为负则表明现阶段中国的协作研发程度还比较低，对外直接投资并没有与国内研发人员形成良性互动，区域内的研发人员越多，对外直接投资对自主创新的间接影响反而越弱，在一定程度上反映出当前中国协同创新水平还不高的现状。较低的协同创新水平制约对外直接投资提升自主创新能力的效果表现在两方面：一方面，通过对外直接投资在国外获取的技术、知识、信息并没有迅速扩散到其他企业、行业中，而仅停留在对外直接投资企业的内部，这样，由于掌握的信息不充分，其他企业仍然会针对该技术、知识进行重复研发，造成研发人力资源的浪费；另一方面，当通过对外直接投资获取的技术、知识已经扩散到整个经济范围的时候，存在竞争关系的企业为了在该技术、知识的基础上实现进一步创新，可能会争相开展研发活动，雇佣研发人员，在中国"诸侯经济"环境的影响下，这种研发过程中的过度竞争也会造成研发资源的浪费。样本数据中 ln（RES）的平均值为 2.68，很容易计算得出对外直接投资对自主创新的总影响系数为 0.68，即平均而言，各省域对外直接投资占 GDP 的比重提高 1%，将使区域内万人专利授权量提高 0.68%。因此，对外直接投资确实能够提升中国的自主创新能力。模型 1 中区域研发投入强度、内向型对外直接投资以及 GDP 增长率都对自主创新能力产生了显著的正向影响，表明区域研发资本投入、国际投资开放程度，以及居民消费需求都有利于提升自主创新能力，符合内生增长理论的基本结论，而每万人中研发人员数量的影响则不明显。

为了检验技术寻求型对外直接投资对自主创新的影响①，模型 2 以各区域对美国直接投资占 GDP 的比值为自变量，重点检验中国对美国的直接投资对自主创新能力的提升作用。结果表明，对外直接投资对自主创新能力的提升效应仍然在统计上显著，而且系数由 2.623 增加到 3.602，提高了近一个百分点。可以看出，与总体对外直接投资相比，对美国的直接投资对中国自主创新能力的直接影响更加明显。与模型 1 得出的结果一样，对外直接投资对中国自主创新能力的间接影响还是负值，表明国内的研发人员与技术寻求型对外直接投资之间依然没有形成良性互动，重复研发现象甚至更加严重。通过简单计算，对美国的直接投资对中国自主创新的总影响系数为 0.89，高于模型 1 中的 0.68。因此，技术寻求型对外直接投资对中国自主创新能力的提升作用更加明显②。与模型 1 的估计结果类似，模型 2 中区域研发投入强度、内

---

① 技术寻求型对外直接投资是从企业投资动机的角度对对外直接投资类型进行的划分，严格说对于涉及该问题的统计分析，应当以对企业的调查数据为基础。但是，企业层面的微观数据较难获得，而且也未必能够反映企业的真实投资动机（出于骗取政府优惠政策以及隐藏战略决策的考虑，企业很可能隐瞒真实意图）。为了方便进行研究，学者往往以对发达国家的投资代表技术寻求型对外直接投资。[CHEN K M, YANG S F. Impact of outward foreign direct investment on domestic R&D activity: evidence from taiwan's multinational enterprises in Low - wage countries [J]. Asian economic journal, 2013, 27 (1): 17 - 38.] 出于同样的考虑，成本节约型对外直接投资也采取类似的处理方法，以下不再赘述。

② 由于中国各省对发达国家的直接投资额很难获得，本研究采用各省对美国的直接投资衡量技术寻求型对外直接投资，数据来源于 https://www.us - china - investment.com/us - china - foreign - direct - investments/data。实际上，由于美国的高科技公司更加密集，与对发达国家的投资相比，中国对美国的直接投资是技术寻求型对外直接投资的更好衡量指标。

4 对外直接投资提升中国自主创新能力的实证检验

向型对外直接投资以及GDP增长率都对自主创新能力产生了显著的正向影响,且影响系数变化很小,而每万人中研发人员数量的影响则依然不明显。

根据第3章的理论分析和数理推导,对外直接投资不仅能够提升中国的自主创新能力,还能促进自主创新结构由集成创新向原始创新转换。为了验证这一结论,我们将模型1和模型2中的因变量替换为发明专利占专利总数的比例①,采用同样的方法进行回归,得到了模型3和模型4。

模型3和模型4都表明,对外直接投资对中国自主创新结构的变迁产生了显著的正向直接效应,影响系数分别为0.095和0.118,与总的对外直接投资相比,对美国的直接投资产生的正向直接效应更大。总的对外直接投资和对美国的直接投资占比同样增加1%,将分别提升原始创新占比9.5和11.8个百分点,表明对外直接投资对中国自主创新结构变迁的促进作用非常明显。值得注意的是,在模型3和模型4中,对外直接投资与国内研发人员之间的负向关系在统计上已经不再显著。因此,尽管对以专利总数衡量的自主创新总量而言,对外直接投资与国内研发人员之间存在替代关系,但对以专利构成衡量的自主创新结构而言,对外直接投资与国内研发者之间的替代关系已经消失,在样本期间内,得益于对外直接投资,中国的原始创新能力确实得到了提升。而且,在原创性更高的研发活动中,国内研发人员与对外直接投资的关系逐渐向良性互动的方向转变,这些领域的协同创新水平也相对更高。另外,在模型3和模型4中,国内的研发支出强度对自主创新结构变迁的影响更加明显,影响系数大于对外直接投资对自主创新结构变迁的直接影响,反映了要提升自主创新能力,特别是原始创新能力,国内的研发投入仍然是非常重要的因素。只有不断提高国内的研发强度,才能更有效地将通过对外直接投资获取的技术、知识、信息转换为自身的创新成果,从而提升自主创新能力。

在模型1和模型2中,内向型对外直接投资对中国的自主创新能力产生了显著的正向影响,而在模型3和模型4中,这些影响在统计上已经不再显著。表明内向型对外直接投资只能在一定程度上提升中国的自主创新能力,无法促进中国的自主创新结构向原始创新转变。这个结论充分证明了核心技

---

① 发明专利占专利总数的比例或许不是代表原始创新和集成创新比例的最佳指标,但只要能够在一定程度上表示创新中的原创程度,就可以反映创新结构的变化。

术是买不来、换不来的，发达国家也不会将有利于提升原始创新能力的核心技术转移到中国。因此，在现阶段，除了增加国内研发投入，努力进行科研攻关以外，对外直接投资特别是对发达国家的直接投资是获取与原始创新相关的技术、知识的另一条有效渠道。此外，区域研发投入强度和GDP增长率也对自主创新结构变迁产生了显著的正向影响，而每万人中研发人员数量的影响在统计上依然不显著。

总之，基于中国2005—2017年30个省（自治区、直辖市）的面板数据进行的实证检验结果支持了假说1和假说2，即对外直接投资能够提升中国的自主创新能力，并促进中国的自主创新结构由集成创新向原始创新转换，对发达国家（美国）的技术寻求型对外直接投资，对中国自主创新能力的提升作用和自主创新结构转换的促进作用更加明显。这在很大程度上为第3章的理论模型提供了经验支撑。然而，就假说3而言，本章的实证分析只证实了中国现阶段的对外直接投资与国内研发人员之间还没有形成良性互动的关系，较低的协同创新水平制约了中国对外直接投资对自主创新能力的提升作用，但还没有证实协同创新水平越高，对外直接投资对自主创新能力的提升作用越明显的假说。要证实这一假说，需要协同创新水平在样本期间内有比较明显的提高，由此对时间跨度提出了较高的要求。受限于我国统计数据在时间跨度方面的不足，在下一章，我们拟通过对日本经验的深入考察进一步验证该假说。

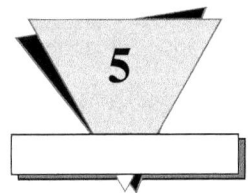

增强对外直接投资提升自主创新能力的日本经验

5 增强对外直接投资提升自主创新能力的日本经验

本章依据日本在中高收入发展阶段的经验,进一步验证第 3 章一般理论分析框架得出的主要结论,特别要验证协同创新水平对于对外直接投资提升自主创新能力的调节作用。在此基础上,深入考察日本为了尽快提高本国协同创新水平所做的制度安排,以便能够为中国积极利用对外直接投资提升自主创新能力提供必要的参考和借鉴。

5.1 选择日本作为考察对象的原因

选择日本作为考察对象,主要基于两方面的原因:一方面由于日本在利用对外直接投资提升自主创新能力,以及开展协同创新等方面取得了举世瞩目的成绩,积累了丰富的经验;另一方面由于中日两国在文化传统、经济结构及面临的发展环境有很多相似之处,便于我们进行比较借鉴。

5.1.1 日本经验的典型性

在经济发展过程中,受限于后发国家较低的技术水平和较弱的创新能力,日本非常注重以对外直接投资的方式积极利用全球资源,增强本国的创新能力,现已取得了令人瞩目的成绩,主要表现在三方面:

第一,日本的对外直接投资活动提升了产业结构,促进了国内的技术创新。20 世纪 80 年代以前,日本的主要投资对象为亚洲发展中国家,通过将纺织、钢铁、石化等产业转移到这些国家,生产要素非常有限的日本才得以腾出足够的资源和空间发展电子、信息、医药等高技术含量的企业。这种以提升产业结构为目的的梯次干中学增强了日本的学习能力,使日本能够快速逼近世界技术前沿。20 世纪 80 年代以后,随着技术实力的提升,日本加紧了对美国等发达国家的直接投资,积极设立海外研发实验室和信息监控中心,在电子、汽车等产业与美国开展密切的合作,极大地便利了日本对尖端科学技术、知识的获取,使日本能够逐渐向科学前沿推进[①]。

第二,日本的对外直接投资实践催生了丰富的经济理论,实现了理论创新。基于日本依次向亚洲发展中国家转移具有竞争劣势产业的对外直接投资

---

① KOGUT B, CHANG S J. Technological capabilities and japanese foreign direct investment in the united States [J]. Review of economics and statistics, 1991, 73 (3): 401-413.

实践，日本学者小岛清①提出了边际产业转移理论，突破了当时将对外直接投资行为局限于跨国公司理论的主流分析框架，以优化国际资源配置、增强产业竞争力的视角，重新审视了对外直接投资与母国经济发展的关系，为日本利用对外直接投资实现产业结构转换，增强国内创新能力提供了理论支撑。随后，鉴于日美贸易摩擦不断加剧以及日本对美国直接投资大规模增加的事实，原正行②提出了以组织内分工调整为基础的海外投资理论，打破了对外直接投资与组织结构演化相分离的传统研究惯例，创造性地将对外直接投资与国际分工演进和组织结构变迁结合起来，为日本应对愈加频繁的经贸摩擦，增强国际竞争优势提供了理论指导。

第三，日本的对外直接投资与技术赶超目标相结合提出了完善制度的要求，推动了制度创新。要加速国内的技术进步，实现技术赶超，就必须加快通过对外直接投资获取的技术、知识在国内扩散的速度。为了实现这一目的，日本积极建设创新网络，努力完善协同创新体制机制。一方面，日本政府鼓励对外直接投资的中小企业建立各种合作组织，并努力将这些新建组织整合进业已存在的大企业系列；另一方面，日本政府建立了大批提供信息服务的中介组织，并着力促进信息资源共享③。这些制度变革降低了对外直接投资风险和研发风险，加快了知识溢出，显著提高了协作创新水平。根据2019年全球创新指数报告的评价，在按集群开列的开展研发合作最多的前20位实体排名中，日本仅次于美国，领先于其他国家。

5.1.2 借鉴日本经验的可行性

日本在利用对外直接投资提升自主创新能力方面取得了很大的成绩，积累了较为丰富的经验。但是，如果国家之间在制度、文化、环境等方面存在重大差异，相互之间进行经验借鉴的可能性会受到很大限制。中日两国在文化传统、经济结构及面临的发展环境等方面有很多相似之处，因此为中国积极借鉴日本经验提供了良好的先决条件：

---

① KOJIMA K. Reorganisation of north – south trade：Japan's foreign economic policy for the 1970s [J]. Hitotsubashi journal of economics，1973，13（2）：1 – 28.

② 原正行. 海外直接投资论 [M]. 广州：暨南大学出版社，1995.

③ 施锦芳，胡丹凤，郭亚强. 日本中小企业对外直接投资及其对中国"走出去"战略的启示 [J]. 大连大学学报，2016（1）：83 – 89.

第一,中日两国深厚的文化渊源提供了经验借鉴的可能性。中日两国一衣带水,文化同源。这种地理、文化的相近性,一方面确保了居民和企业在消费、储蓄、投资等问题上会做出相似的经济决策,便于对经济主体的行为形成合理预期[1];另一方面也为政府利用"看得见的手"主动作为,在借鉴国外发展经验的基础上,积极推行类似的政策措施提供了合理依据[2]。

第二,中日两国在同一发展阶段所具有的相似的经济结构提供了经验借鉴的现实性。日本和中国在经济发展过程中很大程度上遵循了"雁行模式",即随着经济发展阶段不断提升,日本将国内逐渐丧失比较优势或即将丧失比较优势的产业转移给"亚洲四小龙",随后,它们又将这些产业转移到中国大陆[3]。这样,处于不同发展层次的亚洲国家能够沿着既定的发展阶梯向上攀升,而在同一发展阶段,不同国家的主导产业是基本相同的,因此也会面临相似的经济结构转型问题,领先国家的发展经验就有了现实借鉴意义。

第三,中日两国在发展过程中面临的相似国际经济环境提供了经验借鉴的必要性。中日两国在中高收入发展阶段面临的国际环境非常相似,一方面,中国具有比较优势的传统产业面临其他后发国家的追赶,竞争优势不断丧失,要实现更高程度的发展必须增强自主创新能力,发展高技术产业;另一方面,两国的经济总量先后稳居世界第二位,已经成为令欧美发达国家忌惮的对手,以美国为首的西方国家不仅从源头上进行技术封锁,更是频频发起贸易战,试图打压"榜眼"的经济发展[4]。这种极为相似的充满内忧外患的发展环境使得借鉴日本成功经验成为必要的选择。

5.2 对外直接投资提升日本自主创新能力的实证分析

5.2.1 基于日本1965—2005年时间序列数据的实证检验

要借鉴日本利用对外直接投资提升自主创新能力的经验,首先要明确对

---

[1] GALOR O, OZAK O. The agricultural origins of time preference [J]. American economic review, 2016, 106 (10): 3064-3103.

[2] MASAHIKO A, KIM H K, MASAHIRO O F. The role of government in east asian economic development: comparative institutional analysis [M]. Oxford: Clarendon Press, 1996.

[3] 林毅夫. 从西潮到东风 [M]. 北京: 中信出版社, 2012.

[4] 任泽平, 罗志恒. 全球贸易摩擦与大国兴衰 [M]. 北京: 人民出版社, 2019.

外直接投资是否提升了日本的自主创新能力？本研究通过计量经济学方法分析日本在由中高收入发展阶段，向高收入发展阶段转变过程中对外直接投资对其自主创新能力的提升作用。然而，面临的一个难题是，由于日本跨越整个中等收入陷阱阶段花费很短的时间，从1972年人均国内生产总值接近3 000美元到1984年突破1万美元，仅用了12年，因此，日本由中高收入阶段转变为高收入阶段所用的时间必定更短，在这种情况下，我们很难通过时间序列数据进行计量分析。而同一时期包含各个关键变量完整数据的面板数据集又较难获取。面对这种情况，基于可获得的数据资料，采用另一种分析思路。我们决定以日本1965—2005年40年的时间序列数据为基础[①]，从时间维度检验对外直接投资对日本自主创新能力的长期影响，关注的焦点在于日本的对外直接投资与其自主创新能力是否存在格兰杰因果关系。一旦确定了日本在40年时间段内的这种经济关系，就肯定了对外直接投资在日本由中等收入阶段向高收入阶段转变过程中对自主创新能力的提升作用。我们就可以详细考察日本在由中高收入发展阶段向高收入发展阶段转变过程中，采取的有利于发挥对外直接投资对自主创新能力提升作用的制度安排，从而能够在体制机制层面深入地探讨对外直接投资对自主创新能力的提升作用。

由于格兰杰因果关系是一种基于预测的因果关系，而非逻辑上的因果关系，在处理时需要特别谨慎。如果单纯出于经验借鉴的考虑[②]，只要证实对外直接投资是日本自主创新能力的格兰杰原因，以及协同创新是自主创新能力的格兰杰原因，那么这种预测关系就足以表明增加对外直接投资、提高协同创新水平能够带来自主创新能力的提升，接下来只需要详细考察日本的相关经验就够了。但是，由于我们还想证实协同创新水平越高，对外直接投资对自主创新能力的提升作用越明显的假说，就需要引入协同创新水平的变化，并需要同时检验自主创新是否也是协同创新水平变化的格兰杰原因。在对外直接投资是自主创新能力的格兰杰原因，以及协同创新水平不断提高的前提

---

① 日本国家层面包含各个关键变量的较为完整的数据自1965年开始统计，进行时间序列计量经济分析通常最少需要30年的连续数据，但考虑到需要对变量进行差分和滞后处理的可能，我们将时间序列数据的时限确定为40年。

② 由于我们并不是利用格兰杰因果关系预测日本未来的经济走向，也不是利用格兰杰因果关系对日本未来经济进行政策分析，而只是估计和检验经济变量之间的关系，因此，满足弱外生性的设定就足够了，参见 GUJARATI D M. Basic econometrics [M]. New York: McGraw - Hill, 2003.

5 增强对外直接投资提升自主创新能力的日本经验

下,如果协同创新水平的变化是自主创新能力变化的格兰杰原因,而自主创新能力变化又不是协同创新水平变化的格兰杰原因,那么我们就可以得出结论,协同创新水平越高,对外直接投资对自主创新能力的提升作用越明显。

基于上面的分析,我们提出两个假说。

假说1:日本的对外直接投资是日本自主创新能力的格兰杰原因,对外直接投资的变化是自主创新结构变化的格兰杰原因。

假说2:日本协同创新水平的变化是日本自主创新能力和自主创新结构变化的格兰杰原因,但自主创新能力和自主创新结构的变化不是协同创新水平变化的格兰杰原因。

实证研究的相关变量包括日本1965—2005年的专利授权量(件),对外直接投资总额(百万美元),发明专利占授权专利总量的比例(百分比),国内研发人员的数量(人)以及对外直接投资额与国内研发人员数量的交互项,各变量的经济学含义和作用与第4章实证检验部分保持一致。相关数据来自世界银行数据库、日本统计年鉴和日本统计局,其描述性统计见表5-1。

表5-1 相关变量的描述性统计

变量名称	定义	观察值	均值	标准差	最大值	最小值
$\ln Pat$	每年授权专利总量的对数值	40	12.372	0.376	11.478	12.787
$\ln OFDI$	每年对外直接投资总量的对数值	40	9.112	1.612	5.617	11.120
$\ln Str$	每年发明专利占专利授权总量比的对数值	40	8.288	1.249	5.587	10.140
$\ln Res$	国内研发人员总数的自然对数值	40	13.068	0.338	12.461	13.573
Abs	$\ln OFDI$ 与 $\ln Res$ 的交叉项	40	119.580	23.880	69.988	150.933

在经济数据中,很多宏观经济变量是非平稳的,而格兰杰因果检验要求变量必须是平稳的,因此,首先要对变量进行平稳性检验。使用最具功效的DF-GLS单位根检验方法,分别检验了 $\ln Pat$,$\ln OFDI$,$\ln Str$ 的平稳性。经过平稳性测试发现,变量 $\ln Pat$ 和 $\ln OFDI$ 是平稳的,而变量 $\ln Str$ 是非平稳的。进一步的单位根检验发现 $\ln Str$ 是差分平稳的。因此,可以直接检验变量 $\ln pat$ 和 $\ln OFDI$ 的格兰杰因果关系,而对于变量 $\ln Str$ 和 $\ln OFDI$,检验其差

分的格兰杰因果关系更加方便，经济意义也更加明确。首先建立变量之间的 VAR 模型，之后进行格兰杰因果检验，结果见表 5-2。

表 5-2　各变量之间的格兰杰因果检验结果

方程	排除	原假设	P 值
ln Pat	ln OFDI	对外直接投资不是自主创新能力的格兰杰原因	0.001
ln OFDI	ln Pat	自主创新能力不是对外直接投资的格兰杰原因	0.197
D (ln Str)	D (ln OFDI)	对外直接投资变化不是自主创新结构变迁的格兰杰原因	0.009
D (ln OFDI)	D (ln Str)	自主创新结构变迁不是对外直接投资变化的格兰杰原因	0.54

注：D (ln Str) 与 D (ln OFDI) 分别表示变量 ln Str 与 ln OFDI 的差分。

由表 5-2 可以明显看出，日本 1965—2005 年的样本数据各变量之间的格兰杰因果检验表明对外直接投资是自主创新能力的格兰杰原因，而自主创新能力却并非对外直接投资的格兰杰原因；对外直接投资的变化是自主创新结构变迁的格兰杰原因，而自主创新结构变迁不是对外直接投资变化的格兰杰原因。以上实证检验结果使假说 1 得到了证实。

接下来，需要检验对外直接投资与国内研发人员数量的交互项和自主创新能力与自主创新结构之间的格兰杰因果关系。经过平稳性测试，ln Pat，ln Str，ln Abs 都是差分平稳的变量。首先以这些变量的差分为新的变量建立向量自回归模型，之后进行格兰杰因果检验，结果见表 5-3。

表 5-3　交互项与创新能力和创新结构的格兰杰因果检验结果

方程	排除	原假设	P 值
D (ln Pat)	D (ln Abs)	交互项变化不是自主创新能力变化的格兰杰原因	0.000
D (ln Str)	D (ln Abs)	交互项变化不是创新结构变迁的格兰杰原因	0.001
D (ln Abs)	D (ln Pat)	自主创新能力变化不是交互项变化的格兰杰原因	0.191
D (ln Abs)	D (ln Str)	创新结构变迁不是交互项变化的格兰杰原因	0.718

注：D (ln Str)，D (ln Pat)，D (ln Abs) 分别表示变量 ln Str，ln Pat 与 ln Abs 的差分。

可以发现，对外直接投资与研发人员交互项的变化是自主创新能力和自主创新结构变化的格兰杰原因，而自主创新能力和自主创新结构的变化却不是交互项变化的格兰杰原因。因此，假说 2 也得到了证实。与第 4 章基于中国的样本数据所得到的结论不同，日本的对外直接投资与国内研发人员的互补效应很强,彼此之间形成了良性互动,日本的协同创新对自主创新能力与自主创新结构变迁产生了积极的影响,而中国的协同创新目前还没有发挥这种积极作用。

5.2.2 对实证结果的进一步分析:再探协同创新

前面的实证研究结果表明,日本的对外直接投资不仅能够解释本国自主创新能力的提升和自主创新结构的变迁,还能够通过国内研发人员投入进一步强化这种积极影响。根据第4章的实证分析,中国的对外直接投资并没有与国内的研发人员形成良性互动。由于对外直接投资提升自主创新能力的直接效应在日本和中国都是正的。这种在间接效益上一正一反的结论表明,对外直接投资与国内研发人员的互动是对外直接投资提升自主创新能力的关键所在。

有学者强调吸收能力①在对外直接投资提升自主创新能力上的调节作用。吸收能力越强,对外直接投资对自主创新能力的提升作用越明显。对外直接投资没有与国内研发人员形成良性互动的原因,在于国内吸收能力较低。本研究结果表明,吸收能力并不能合理解释这一问题。因为无论在日本还是中国,对外直接投资都通过正向的直接效应提升了自主创新能力,表明对于进行对外直接投资的企业而言,在国外获取的技术、知识和市场信息已经能够被国内母公司吸收利用,提升了母公司的自主创新绩效。即使这些知识、信息不能被区域内其他公司吸收,对外直接投资与国内研发人员的交互项系数最多也就在统计上不显著,而不应当表现为负向关系。因此,吸收能力不能解释对外直接投资与国内研发人员之间的互动关系。

第3章的理论分析阐明了协同创新水平能够调节对外直接投资对自主创新能力的提升作用,在第4章的实证分析中,尝试使用了对外直接投资与国内研发人员的交互项衡量协同创新水平。结合本章与第4章关于对外直接投资与本国研发人员交互项的实证检验结果,我们认为,对外直接投资与国内研发人员的交互项确实能够衡量协同创新水平的高低。协同创新水平反映了一定区域内创新活动的参与者之间在研发上的协作程度。较高程度的协同创新表现为对外直接投资与国内研发人员之间的正向互动关系,较低程度的协

---

① 吸收能力是企业或经济体察觉外部信息的价值,进而吸收并将其转化为商业化应用的能力。

同创新则表现为对外直接投资与国内研发人员之间的负向关系。因为协同创新不仅涉及单个企业的自主创新能力，更重要的是参与合作的企业之间形成的协作创新能力。从事对外直接投资的单个企业可能已经具有较强的消化、吸收并改良国外技术的能力，但特定区域内各企业之间，以及企业与大学和科研机构之间的创新协作程度未必很高。对外直接投资提升自主创新能力的直接效应只通过进行投资的企业内部便可以实现，而间接效应却依赖于完善的协同创新体系和健全的协同创新机制。由此解释了在日本和中国，为何对外直接投资都通过正向的直接效应促进了自主创新能力的提升和自主创新结构的转换，但在间接效应上却呈现一正一反的两个结果。中高收入国家在经济发展过程中积累了一定的技术、知识，形成了一批具有较强的知识吸收能力、创造能力和国际竞争力的企业。它们通过对外直接投资能够在全球范围内实现资源的优化配置，增强自身竞争力并提升自主创新能力。然而，对外直接投资对单个企业自主创新的正向影响如何扩散到整个经济范围内是更为重要的问题。如果区域内协同创新程度较低，企业在研发活动上"单打独斗"的现象比较普遍，则对外直接投资对单个企业自主创新的正向影响将很难扩散到整个经济范围内，不仅会造成对外直接投资与国内自主研发投资的重复，浪费研发资源，还会因激烈的竞争效应而减少企业和科研机构可能攫取的创新收益，进而降低研发激励。在这种情况下，尽管国内从事研发活动的人员不断增加，但由于相互之间缺乏良好的协作，反而减弱了对外直接投资对自主创新能力的提升效果。与之相反，如果区域内协同创新程度较高，创新活动参与者之间的互动频繁，各创新主体之间能够产生良好的协同创新效应，对外直接投资对单个企业自主创新的正向影响很容易扩散到整个经济范围内。在这种情况下，从事研发活动的人员不断增加会增强对外直接投资对自主创新能力的提升效果。

明确了协同创新水平的高低是解释对外直接投资与国内研发人员之间互动关系的原因之后，我们将深入研究日本在中高收入发展阶段为了促进协同创新而进行了哪些有益的制度安排，以便为中国完善协同创新体制机制，增强对外直接投资对自主创新能力的提升效果提供经验借鉴。

5.3 日本提升协同创新水平的制度安排

20世纪70年代中期到80年代中期，日本处于由中高收入向高收入转变的发展阶段,面临着降低对国外技术的依赖,增强自主创新能力的迫切问题。作为后发国家,为了实现对西方发达国家特别是美国的技术赶超,日本政府和企业界依据具体国情及时调整了组织结构和制度规范,形成了促进协同创新的制度安排。这些制度安排主要有企业层面的经连会,将官产学紧密联系起来的研发联盟和共同利用组织,以及为提升区域协同创新能力而构建的区域创新体系。

5.3.1 经连会

在经济全球化的背景下,通过以对外直接投资的方式嵌入发达国家的技术网络,学习国外先进技术是中高收入国家进行技术赶超的重要途径。但是,本研究认为,只有母国企业之间能够形成健全的技术和研发网络,发挥集体学习效应,实现国内企业与对外直接投资企业之间的技术互动,才能促进区域内所有的母国企业提升原始创新能力,完成向原始创新的转变。目前,进入高质量发展阶段的中国尽管取得了一些科技成就,成为具有重要影响力的科技大国,但科技基础依然比较薄弱,关键领域核心技术受制于人的格局还没有得到根本的改变,因此需要形成一个健全的企业间的技术网络推动本国的科技发展。现实中中国企业间的技术网络极为薄弱而且很不健全。在当前异常激烈的国际科技竞争环境下,解决这个问题的要求已经十分迫切,鉴于此,需要从日本的发展经验中吸取有益的借鉴。在企业经营方面,学者通常认为,在高速增长时期,对日本企业获取竞争力贡献最大的因素是与美国企业相对照的日本型企业体系。这种企业体系的突出特征是重视与股东、银行、交易方、职工等企业利益相关者之间长期关系的管理体制①。

在日本的经济系统中,经连会(Keiretsu)② 起到了独特而又非常重要的作用,集中反映了日本型企业体系的特征。经连会是日本企业之间以高度的信任感和责任感为基础组建的自发性经济团体,它将金融机构、经营者、生产者以及销售商等类型的经济组织连接在一起,形成一个复杂但又相互扶持、

---

① 滨野洁,洪野洁,井奥成彦,等. 日本经济史:1600—2015 [M]. 南京:南京大学出版社,2018.

② Keiretsu 是日文汉字"系列"的发音,学者通常将其称作经连会。

彼此信任的关系网络①。研究者通常将经连会划分为横向和纵向两种类型，横向经连会是分属于不同产业的大企业结成的联盟，以主要的日本银行为首；纵向的经连会则是连接了制造商、供应商、批发商和零售商的工业团体。日本的主要经连会都能够控制多种工业、资源和服务的完整经济链条中的每个步骤，对国民经济有很大的影响。

经连会的核心机构是综合商社，综合商社是日本经济结构中一种独具特色的贸易垄断组织形式，是集商品多样化、职能多样化为一体的综合企业②。综合商社是经连会的情报机构，同时也是日本企业拓展海外市场、进行对外直接投资的先锋，在经连会内部有着巨大的协调能力。综合商社的协调功能使日本企业集团可以把来自世界各国的不同技术加以集成整合，同时又避免了国内的重复研发和资源浪费。一般来说，美国、英国等的跨国公司专业性较强、经营的产品也比较单一，与日本有很大的不同。日本现代综合商社相对具有更强的综合竞争能力和抗御风险能力，能扬长抑短，避重就轻，因为它们普遍实行跨行业的综合性经营，对每个产业则强调专业化经营，以实现整体输出，产业互补。综合商社还以商社金融为契机，积极参与相关中小企业的技术合作、生产、销售和贸易等经营活动，并且能够从战略角度努力促进大企业集团的系列化，在使因苦于资金周转而陷入绝境的企业获得重生的同时，也拓宽了经连会的范围③。

以综合商社为中心，日本的经连会能够将各个分散于众多行业，但又有着直接经济关系的企业联系起来，构建企业之间的研发和技术网络，并以此作为各企业集体知识的储存器。储存器包含了比个体企业专门知识总和更多的知识，但同时也对企业之间的集体学习提出了更高的要求。在企业间技术网络中，不仅存在最终产品的制造商和原料、组件、零部件等中间产品生产商之间的垂直技术联系，还存在着生产同类商品的厂商之间的水平技术联系，因而能够实现单个企业的专业化研发活动与整个网络协作化研发活动的密切结合。在水平技术联系方面，企业之间的创新合作和信息共享有利于分摊研发成本，降低研发风险，减少重复研发投入，提高研发效率；在垂直技术联

---

① 刘容，林忠. 日本经连会信任关系的演化与生成［J］. 财贸研究，2018（11）：94–110.
② 孟子敏. 日本综合商社的功能及其演化［M］. 北京：北京师范大学出版社，2011.
③ 白益民. 瞄准日本财团：发现中国的对手与榜样［M］. 北京：中国经济出版社，2010.

5 增强对外直接投资提升自主创新能力的日本经验

系方面,上下游企业之间的技术信息交流和合作研发,有利于提高研发活动的互补性和针对性,极大地促进了知识在各公司之间的溢出。布兰斯特德的一系列相关研究已经证实,在经连会内部,无论是通过水平技术联系,还是通过垂直技术联系,知识和信息的溢出效应都明显高于经连会外部①。因此,通过经连会内部开放性的研发和技术网络,各企业形成了分工明确的研发组织,从而能够产生强大的集体学习效应,促进了科技创新,不仅有利于消除单个企业研发活动难以达到有效规模的弱点,还扩大了研发活动的范围,提高了研发活动的协同性。

经连会促进协同创新的机制有三种:第一,经连会内部经常性的会议,保证了各关联企业之间能够频繁交流信息,共同确定研发计划和研发活动分工,并及时沟通研发活动的进展情况,由于经连会内部各企业有着共同的目标,经常性的沟通能够切实避免重复研发,节省生产成本,提高研发效率;第二,经连会内部各企业之间研发人员的频繁流动,加快了技术信息在经连会内部的转移,极大地促进了知识,特别是默示知识的交流,提高了集体学习的效率;第三,研发资金由经连会内部的金融机构(一般是经连会的主银行)筹集,一方面降低了融资成本,另一方面分摊了研发风险,主银行取代了其他债权人和股东,承担监督管理的责任,同时也引导其他银行对创新活动的融资。当经连会内部关联企业的财务状况发生恶化时,主银行往往通过融资支持和人员派遣参与企业的管理和重建。这在鼓励企业进行研发投资的同时,也便利了企业之间的联系,有效协调了各企业之间的研发活动。

经连会的组织形式能够有效促进各企业之间知识交流和信息交换,增进合作,协调各企业活动的重要原因在于关联企业都有着共同的目标和长期的合作关系。通过关联企业之间相互持股、互派董事、共同参与项目研发,以及建立长期而稳定的生产合作关系等措施,经连会将各成员企业的利益绑定到一起,在很大程度上避免了企业之间在关系特定资产投资方面产生的"敲竹杠"问题,显著降低了交易成本。将单个企业研发活动的外部性在经连会内部化使得成员企业有更大的能力和激励为了共同的目标投资于创新活动,

---

① BRANSTETTER L. Vertical keiretsu and knowledge spillovers in Japanese manufacturing: an empirical assessment [J]. Journal of the Japanese and international economies, 2000, 14 (2): 73-104.

并积极开展协作研发，切实提高组织的创新生产率。

日本学者认为，通过经连会建立的长期而稳定的关系是日本经济竞争力的重要来源，也是推动日本在中高收入阶段实现产业转型升级，并向创新型经济迈进的利器①。1980年以后，日本面临的主要问题有三个方面：第一，在技术完全标准化的以劳动密集为主的工业领域中（纤维、电气机器、造船），由于亚洲新兴工业化国家和地区已经掌握了相关技术，并将低工资作为提高国际竞争力的武器，造成日本在这类工业领域中的优势逐渐衰退；第二，1985年七国财长会议之后，日元不断升值，使得日本不仅相对亚洲新兴工业化国家和地区，而且相对先进工业化国家，其国际竞争力下降，不仅在上述工业领域，在电子关联产品、汽车、机械等其他工业领域，日本也开始处于不利境地；第三，尽管日元急速并持续升值，日本的贸易盈余仍然维持在很高的水平上，日本与其他国家尤其是与美国、欧洲诸国的贸易摩擦更为深刻化。

面对上述产业竞争力下降、日元升值、日美贸易摩擦加剧的诸多棘手问题，为了顺利实现日本国内的产业转型，增强本国的自主创新能力，实现对美国的技术赶超，日本经连会内部进行的多元化调整和对外直接投资发挥了重要的作用。

日本的各主要经连会一方面通过在企业集团内部缩小衰退部门，扩大有前途的成长部门的多元化过程进行产业调整；另一方面通过成本节约型对外直接投资将不适合于国内生产的产品、部件生产过程逐渐向海外转移，本国重点发展科技含量高的产业。经连会内部的多元化产业调整成为日本经济结构转型的重要原动力。与通过外部市场的调整相比，经连会内部的调整避免了大规模失业和重复性的员工培训费用，同时也降低了研发活动的资金成本，提高了组织研发的效率。经连会内部自主性的转换，在把本国生产已属困难的部门向海外转移的同时，确保了雇佣机会和新的研发机会，既回避了国内产业空心化的问题，又实现了向更高效率的国际分工体制的积极转变。

与此同时，各主要经连会也加紧了设立海外研发中心的努力。在受到美国的技术遏制、亟须实现技术赶超的产业，特别是制药业和电子产业，日本

---

① 原正行. 海外直接投资论 [M]. 广州：暨南大学出版社，1995.

的大企业集团建立了联系美国、欧洲和日本的三角研发网络，以便能够在世界范围内及时获取新的技术、知识，并雇佣高质量的外国科学家进行研发活动①。在充分吸收子公司从海外获取的技术、知识，并将其转化为自主创新知识储备的过程中，日本经连会发挥了极为重要的作用。一方面，凭借经连会中综合商社有效搜寻情报信息的功能，日本的技术寻求型对外直接投资更有针对性和目的性，能够更加积极、主动地获取自主创新过程中急需的技术、知识；另一方面，得益于经连会内部便捷的信息交流和共享机制，日本企业系列在国内针对海外投资所进行的互补性研发投入不仅避免了重复和浪费，还因各关联企业的专业化分工和研发合作得到了更加有效的配置。另外，经连会内部员工的终身雇佣制特别有利于技能、知识特别是默示知识的传承，相应的，研发人员在经连会内部各企业之间，以及母公司和海外子公司之间频繁的流动，方便了知识的传递和创新思想的产生。总之，在日本向创新型经济转变的过程中，经连会内部自主进行的多元化转变与对外直接投资是同时推进的，经连会以沟通和协调为主要特征的组织结构，极大地提高了日本经济的适应性和稳定性。

5.3.2 研发联盟和共同利用组织

除了协调各企业之间关系的经连会外，日本为了促进协同创新、实施技术赶超战略而采取的组织形式还有研发联盟和共同利用组织。研发联盟将企业和科研院所结合成一个紧密联系的组织，主要解决应用研究的相关问题。共同利用组织则将大学、科研院所和企业联系起来，重点解决基础研究的问题。

5.3.2.1 研发联盟

日本政府积极推动多个具有竞争关系的民间企业与公共科研院所合作成立研发联盟，共同开展在 10~20 年内具有实用化可能的关键核心技术的研发。研发联盟已成为日本官产学研合作进行赶超型技术创新，以及迎接投资自由化、贸易自由化挑战的重要模式②。日本的研发联盟有两个非常明显的特征：第一，日本政府积极推动研发联盟的成立，并给予大力支持，一般而言，

---

① 小田切宏之，后藤晃. 日本的技术与产业发展：以学习、创新和公共政策提升能力 [M]. 广州：广东人民出版社，2019.

② 周程. 日本官产学合作的技术创新联盟案例研究 [J]. 中国软科学，2008 (2)：48-57.

研发联盟包含政府对研发支出的大量补贴和税收减免，1963—1983年，日本政府对研发联盟的补贴占政府总补贴的比重由21%提升到了47%，研发联盟一半的开支都由政府负担，明显降低了研发活动的有效成本，提高了各企业参与研发联盟的激励；第二，研发联盟注重基础性、通用性和战略性的研究项目，研发成果特别是通用性研究成果在所有参与者之间自由流动，在很大程度上提高了参与企业的研发努力程度和协作程度，加快了技术扩散速度，促进了创新成果的共享。布兰斯特德和神原英姿（Branstetter & Sakakibara）的研究已经证实，研发联盟中参与者之间的知识流动明显加快，研发生产率也得到了明显的提高[1]。

研发联盟通常由政府部门牵头组织成立，目的是集中力量突破制约经济发展的战略性核心关键技术。政府针对特定的研究项目选定几个参与研发活动的大企业，同时将相关的公共（主要是国有）科研机构整合进来，组成一个以重大战略性项目为核心的合作性研究组织。研发联盟成立以后，政府不再对具体创新活动进行干涉，仅发挥提供研发资助以及协调各方关系的作用。由于政府的研发补贴和税收优惠是以研发联盟为单位实施的，各大企业就有充分的激励增加研发投入，提升自身的创新能力，以尽可能地争取进入研发联盟当中，从而能够享受大幅度的研发优惠。另外，由于日本各大企业基本上都是某个经连会的核心成员，与众多中小企业存在密切的技术联系，研发联盟通过将大企业集合起来的方式形成了大范围、多层次的研发网络，广泛调动了社会的研究资源为战略性研发项目服务。参加研发联盟的企业和公共科研机构各自选定研发人员进入联合研究实验室进行合作研发，共管研发项目，共用研发设备，共享研发成果（主要是通用性成果）。研发联盟对通用性和专用性的研究成果实行不同的收益分享机制。通用性的研究信息能够在所有参与者之间自由流动，研究成果由所有参与者共享；专用性的研究成果则归各负责具体研究工作的成员所有。由于研发联盟重点选择基础性、通用性的研究课题，专用性课题通常交给各企业自行研究，参与者有充足的激励积极开展基础性研究合作，努力提高联盟的整体研发效率，同时又有充分的激励进行应用性的研发竞争。在既有合作又有竞争的良好研发氛围之下，各项

---

[1] BRANSTETTER L, SAKAKIBARA M. Japanese research consortia: a microeconometric analysis of industrial policy [J]. Journal of industrial economics, 1998, 46 (2): 207–233.

研究得以顺利开展，既定的研究目标也能够最终实现。

研发联盟促进协同创新有三方面的优势：第一，研发联盟将各公司特别是大公司的研发资源集合起来，能够有效提高合作研发的效率，实现创新的规模效应；第二，得益于组织内部更有效的创新信息交流，研发联盟能够显著降低由于一窝蜂式的重复研发而导致的创新资源浪费；第三，由于明确区分了通用性和专用性研究成果的不同收益分享方式，研发联盟比较有效地解决了由于创新活动的外部性而产生的收益攫取问题，从而能够激励各参与者增加研发投入。

在日本赶超欧美技术的过程中，研发联盟切实提高了日本的前沿技术水平，并先后被美国和欧洲的主要国家所效仿。在20世纪70年代，到80年代，日本由中高收入发展阶段向高收入发展阶段迈进的关键时期，政府重点选取当时处于国际技术前沿而日本又急需进行技术赶超的若干产业予以研发支持。通过有利于知识交流和研发协作的技术研发联盟，日本在半导体、计算机、电信、制药等关键产业均取得了重大技术突破，极大地缩小了与美国的技术差距，尤其在光刻机、蚀刻机等领域已经达到了世界最顶尖水平。这种创新的组织形式为后发国家在核心关键技术领域进行对发达国家的技术赶超提供了模式借鉴，同时也对欧美国家类似大规模联合研发活动的开展产生了积极的影响。

5.3.2.2 共同利用组织

研发联盟将公立科研机构和企业紧密联系起来，促进了技术、知识的扩散和共享，为在应用研究领域开展协同创新提供了一个良好的范例。然而，在基础研究领域协同创新过程中面临的另一个根本问题是如何通过协同实现科学知识资源的集聚，推动各主体原始创新能力的提升。原始创新特别需要从科学发现中寻找灵感，因此，如何促进产生科学知识的大学和从事创新活动的企业的联系成为提升原始创新能力的关键。日本的大学共同利用组织能够打通三种不同类型大学（国立、公立以及私立）的联系，使得国立研究机构和企业在研发机构上建立连接，进而使得一个学科能够在国家层面建立学术共同体，充分发挥知识资源的集聚效应和集成效应，最终促成大学科学创新能力的高水平提升[①]。共同利用组织是一种尽管在空间分布上依附于某所大

---

① 丁建洋. 日本大学共同利用组织制度的历史演进与运行机理：日本大学协同创新的一项重要制度设计[J]. 外国教育研究，2015（2）：46-55.

学,但是在运行机制上,如行政、财政、人事和战略运营等方面均具有自主权,以促进大学和科研院所实现教育、科研、学术交流一体化为目标的,基于大学联合的跨学科共同研究机构。

作为日本大学系统实现协同创新的重要制度设计,共同利用组织制度陆续形成了附设研究所、共同利用研究所、共同利用机构、共同利用据点等略有差异的组织形式,顺应了现代知识生产转型的需要,促进了不同学术组织间进行合作生产知识的能力,方便了对政府资助的科研经费的统一获取和使用,有利于协同创新效应的形成①。在协同创新的功能上,共同利用组织以科学研究、技术开发、人才培养、社会服务四大功能的一体化为定位;在协同创新的研发层次上,重点指向尖端领域的基础性研究;在协同创新体制机制的建设上,强调要形成完善的人才交流、资源共享以及产学研协同创新机制,以共享大学的系统学术资源作为开展协同创新的关键途径。此外,日本的共同利用组织还突破国界限制,积极与国外的大学、企业和研究机构建立研发联盟,开展研发合作②。由国外获取的技术、知识通过共同利用组织搭建的协同创新网络迅速扩散到整个经济系统当中,显著提高了知识利用的效率。

日本的共同利用组织在促进基础研究的协同创新方面取得了非常明显的效果,切实提高了日本的原始创新能力。2000年以来,日本获得诺贝尔自然科学类奖的科学家已达到19位,平均每年一位,近20年的总获奖人数仅次于美国。而这些诺贝尔奖得主主要来自共同利用组织最为集中的名古屋大学、东京大学、京都大学和庆应义塾大学。如今,日本的基础研究实力已然位居世界前列,联结国内外大学、科研院所和企业的协作创新网络也已经建立起来③。20世纪70年代以后迅速发展起来的共同利用组织,作为一种促进协同创新的有效组织形式在提升日本原始创新能力方面起到了重要的作用。

在中高收入发展阶段,日本通过设立研发联盟和共同利用组织成功实现科学技术赶超的经验表明,随着经济全球化、信息化、网络化的不断发展,

---

① 丁建洋. 日本大学共同利用组织制度的历史演进与运行机理:日本大学协同创新的一项重要制度设计[J]. 外国教育研究,2015(2):46-55.

② 杨连生,王松婵,吴卓平. 日本庆应义塾大学SFC研究所协同创新运行机制探析[J]. 技术与创新管理,2014(5):196-200.

③ 小田切宏之,后藤晃. 日本的技术与产业发展:以学习、创新和公共政策提升能力[M]. 广州:广东人民出版社,2019.

世界各国都应当根据具体国情探索和寻求能够适合本国的、合理的自主创新能力提升路径和模式。对日本而言，官产学合作的协同创新是一种指引日本创造经济发展奇迹的有效模式之一。其中官指政府，保障创新研发成果的转化；产指产业界，对创新的风险负责，是经济责任的主体；学是提供和创造学术的源泉，主要指大学和科研机构。第二次世界大战结束以来，日本的官产学协同创新经历了长期演变的过程，但大企业和国立大学始终在创新体系中占据绝对主导地位，官产学协同创新呈现出明晰的角色分工：基础研究主要依靠国立大学；应用研究依靠研究机构；开发研究依托企业；政府主要扮演了政策引导、资金支持以及顶层制度设计的角色。参与研发活动的主体多方联动、各司其职，共同推进协同创新水平的提升。

5.3.3　区域协同创新体系

前文对促进协同创新制度安排的讨论没有关注地理位置的问题。然而，国内外大量的研究已经证实，知识特别是默示知识的传播受地理边界的限制非常明显，空间距离越远，知识交流和沟通的频率越低①。协同创新涉及多个不同的创新主体，对知识的交流和沟通提出了很高的要求。因此，对协同创新的讨论不能忽略地理位置的因素，协同创新突出表现为特定区域的协同创新，推进形成区域协同创新共同体对于提高协同创新整体水平有着重要作用。

20 世纪 80 年代以前，日本的创新体系主要依赖大企业集团和东京都这个创新中心，创新活动的高度集聚很大程度上限制了知识和创新网络的扩散，随着在技术赶超过程中对协同创新水平的要求不断提高，地方和中小型企业创新能力不强的问题也越来越突出。为此，从 20 世纪 90 年代开始，日本启动了地方和区域科技振兴政策。1995 年，日本政府实施的《科学技术基本法》提出了科技创新立国的战略，明确规定了地方政府在科技振兴中的主体责任。基于《科学技术基本法》，1996 年，日本政府制定了《第一个科学技术基本计划》，提出要大力发展地方科技事业，提高区域整体科技创新水平，避免科研资源向东京过度集中，鼓励官产学合作研发②。以这两项规定为基

---

① 苏红键. 空间知识溢出研究述评 [J]. 湖北经济学院学报，2011 (4)：27-32.
② 孙艳艳，吕志坚，王晓迪，等. 日本区域创新政策的案例分析研究：以日本首都圈为例 [J]. 科学与科学技术管理，2016 (6)：88-98.

础,日本区域科技创新政策的新型框架建立起来。随后,围绕知识产权归属、组织协调、区域合作、技术转移、鼓励创新等问题,日本各级政府配套出台了一系列法律法规,构建了相对完善的官产学法律体系。大学知识产权本部、技术转移组织、官产学合作协调员,以及共同研发中心组成区域官产学合作创新体系。在区域科技资源的配置方面,日本政府可以灵活调度创新组织体系中各类分散的部门,对保证官产学之间资源的良性互通,发挥了至关重要的作用。东京大湾区就是日本政府成功构建区域协同创新体系的典型例子。

日本政府实施的科学技术基本计划,不断促进基础研究、开发研究以及应用研究相互间的协调发展,并根据当期发展计划的特点和需要,适时出台相关政策支持区域官产学合作,有效地提升了东京大湾区产业界和学术界开展技术创新合作的积极性。为了建设东京大湾区区域创新体系,以文部科学省和经济产业省为主的日本政府机构出台了一系列的科技计划和政策,并投入了大量的财政资金。政府主导建立了点对点式的区域协同创新合作模式以及区域协同创新扶持体系,帮助东京都之外的各县积极构建具有地方特色的官产学合作点,并在此基础上形成了完全由地方主导的创新产业集群。通过这种方式,政府主导建立了以产业集群为特征的互补性区域创新网络,促进了东京大湾区整体创新能力的提升。在区域创新网络建立之后,各个地区都可以凭借自己特有的优势嵌入其中,而各地区创新系统的发展,又与过去的经验和文化紧密相连。这种充分考虑各地区在创新优势上的差异性,努力建立符合地方特色的创新集群的做法,不仅避免了各地区进行重复的研发投入,也提高了区域创新活动的互补性。

在东京大湾区的134个区域创新项目中,官产学合作项目占100%,跨行政区域合作项目占75.35%,东京都与地方合作完成的项目占55.22%[①]。充分表明,日本东京大湾区的区域协同创新程度很高,所有项目都是以官产学合作的形式开展的,大湾区内的企业、大学、科研院所和中介机构等创新主体通过良性互动,分别以不同的功能和优势融入区域创新体系中。不仅如此,大湾区内不同都县市之间,尤其是东京都与地方之间的协同创新频率也很高。在所有区域创新项目中,一半以上的项目是通过东京都和地方的区域协同创

---

① 孙艳艳,吕志坚,王晓迪,等.日本区域创新政策的案例分析研究:以日本首都圈为例[J].科学与科学技术管理,2016(6):88-98.

新完成的,一方面,东京的高校、科研院所以及企业,可以直接参与区域内的合作研发;另一方面,优势科研机构和高校通过在大湾区内其他地区积极开设分支机构或分校的方式,直接参与地方的科技创新活动,有效带动了大湾区区域创新事业的发展,发挥了很好的示范引领作用。日本的区域协同创新体系的建立取得了明显的效果,在2019年世界创新指数报告中,东京大湾区的创新能力在世界创新集群中位列第一,大阪—京都—神户集群位居第六。

5.3.4 总结性评论

通过对日本促进协同创新的制度安排进行深入研究发现,在由中高收入发展阶段向高收入发展阶段转变的过程中,日本在多个方面采用了促进协同创新机制形成的制度安排,从而有效提高了国内的协同创新水平,在很大程度上增强了日本对外直接投资对自主创新能力的提升作用。日本的发展经验表明,在经济全球化条件下,通过对外直接投资嵌入发达国家的创新网络,学习国外先进技术、知识是中高收入国家实现科技快速发展的有效途径,但只有在本国企业与高校、科研机构之间形成健全的技术和创新网络,才能最大程度地发挥协同创新的集体学习效应,实现国内企业与跨国企业的技术互动,进而提升自主创新能力,推动自主创新结构向原始创新转变。当前,中国创新发展中面临的一个重要问题就是国家自主创新能力不足,而导致该问题的关键在于协同创新水平太低。一方面,国家创新系统内的高校、科研机构、企业的创新活动很大程度上独立运行,彼此之间相互隔离;另一方面,创新组织中的各单元内部,如高校内部、科研机构内部、企业内部普遍存在科研团队单打独斗的研发模式。在2019年全球创新指数报告中,中国的综合创新指标排在全球第14位,但是创新关联指标仅为第58位,落后于其他相关指标,表明中国的协同创新能力还存在非常明显的不足。因此,要提升中国的自主创新能力,充分发挥对外直接投资对自主创新能力的提升作用,必须加紧完善协同创新举措,努力健全协同创新体制机制,切实提高协同创新水平。

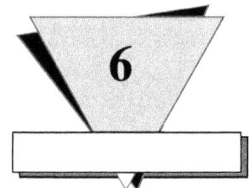

增强对外直接投资提升中国自主创新能力的政策建议

6 增强对外直接投资提升中国自主创新能力的政策建议

第 4 章通过对中国 2005—2017 年省级层面经验数据的计量经济分析,证实了当前中国的对外直接投资不仅能够提升自主创新能力,而且能够促进中国自主创新结构的转换,此外,技术寻求型对外直接投资对自主创新能力的提升作用和对自主创新结构转换的促进作用更加明显。第 5 章通过对日本经验数据的统计分析和协同创新制度安排的深入探讨,证实了母国协同创新水平能够调节对外直接投资对自主创新能力的提升效果,协同创新水平越高,对外直接投资对自主创新能力的提升作用越明显。基于以上的研究结论,本章提出了增强对外直接投资提升中国自主创新能力的政策建议,一方面要积极促进对外直接投资的持续健康发展;另一方面要努力健全协同创新体制机制。另外,推动对外直接投资的发展是开放条件下的经济举措,必然离不开对国际形势的考量。从国际环境看,与日本和韩国在中高收入发展阶段的情形相比,当前中国在增强对外直接投资提升自主创新能力的过程中面临着更为严峻的形势,尤其是美国等西方发达国家对中国进行的技术遏制和封锁,以及对中国海外投资进行更为严格的"安全"审查,严重妨碍了中国正常对外直接投资活动的开展。为了应对这种日益严峻的国际局势,中国政府必须主动采取行动,构建更高水平的国际经济合作,尽可能降低国家之间的冲突所造成的不利影响,为中国企业对外直接投资保驾护航。

6.1 促进对外直接投资持续健康发展

由于对外直接投资特别是技术寻求型对外直接投资能够发挥提升自主创新能力、促进自主创新结构转换的积极作用,促进对外直接投资便成为新常态下推进高质量发展,充分利用国际市场和资源提升中国的自主创新能力,加快国际经济合作和培育国际竞争新优势的重要手段,也成为实现十九大提出的"到本世纪中叶成为综合国力和国际影响力领先的国家"这一宏伟目标的战略举措。为此,应当在充分认清中国对外直接投资的现状以及现阶段对外直接投资所面临的国际形势的基础上,采取多方面措施积极促进对外直接投资持续健康发展。

6.1.1 扩大对外直接投资比重

在走出去战略实施以前,中国对外直接投资占 GDP 的比重一直较低,而且在各年之间存在较大波动，2004年以后，中国的对外直接投资开始持续快速增长。2002—2018年，中国对外直接投资的年均增长速度高达28.2%，远高于GDP的增长速度。2014年，中国对外直接投资流量首次超过外商来华投资，标志着中国已经迈入了资本净输出国家的行列。2018年，中国对外直接投资流量达到了1 430.4亿美元，仅次于日本居全球第二位，是2002年的53倍。与美国、英国、日本、德国等发达国家历史同期相比，中国的对外直接投资流量与存量均已经领先。以2016年为例，中国当年的人均GDP为8 123.18美元，与美国、英国、日本、德国历史同期（人均GDP为8 000美元时）相比，中国对外直接投资流量分别是4个发达国家的9.28倍、2.41倍、19.26倍、9.45倍，中国的对外直接投资存量则分别是4个发达国家的11.16倍、1.86倍、24.38倍、13.49倍。中国对外直接投资流量占GDP的比重为0.9%，虽然低于同期英国的2.26%，但却高于美国的0.63%、德国的0.53%和日本的0.28%①。

尽管近些年中国的对外直接投资有了明显的发展，但仍然有很大的增长空间。截至2018年，中国对外直接投资存量与GDP的比率为12%左右，仅为世界平均水平（34.6%）的1/3。从全球视角看，对外直接投资存量与GDP的比率在发达经济体、发展中经济体和转型经济体中分别为44.8%，19.8%，22.6%。与这些经济体相比，中国明显落后。实际上，中国对外直接投资流量占GDP比重的大幅度上升是2004年以后才发生的事情。最近十几年对外直接投资的大幅度增长恰好反映了中国之前的对外直接投资水平太低，只能依靠快速增长缩小与其他国家的差距。第4章的计量分析结果表明，现阶段继续增加中国的对外直接投资能够显著提升自主创新能力，因此，中国应该进一步加大对外直接投资的比重。从日本的发展经验看，尽管20世纪70年代日本对外直接投资流量占GDP的比重仅维持在0.25%左右，但在由中高收入阶段向高收入阶段转变的80年代，日本对外直接投资流量占比显著增加，20世纪80年代末达到了2.2%，之后一直维持在年均1.3%的水平。从2004年到2018年，中国对外直接投资流量占比由0.28%上升到0.9%，年均增长率为0.09%。按照这个增长速度，中国要用5年左右的时间达到日本稳定的年均

---

① 数据来源于历年由商务部发布的《中国对外投资发展报告》以及世界银行数据库。

水平。而根据郑秉文的预测①，5年之后正是中国跨入高收入发展阶段的时候，因此，使中国的对外直接投资比重保持一定的增长速度（0.09%），既是提升自主创新能力的关键举措，也是基本实现工业化、迈入制造业强国行列的必然要求。

有鉴于此，为了扩大中国对外直接投资的比重，中国政府应当从多方面入手为企业进行对外直接投资提供便利，促进对外直接投资的持续快速增长。

6.1.1.1　尽快完善对外直接投资法律体系

规范政府服务支持行为，尽快完善对外直接投资法律体系。维护对外直接投资利益最根本的是依靠法制体系来保障，然而截至目前中国尚未出台一部既符合国际规范，又切合中国国情的《对外投资法》，由此造成中国企业在进行对外直接投资时仍然无法可依的局面，从而导致中国企业的海外经营活动很难得到规范而又有效的保障。日本和韩国的经验值得中国借鉴。日本在由中高收入阶段向高收入阶段转变的过程中，《进出口交易法》《贸易保险法》《外汇及对外贸易法》《外汇和外贸管理法》等系列相关法律法规，先后制定出台，内容基本涵盖对外贸易和对外投资的各方面。20世纪70年代以来，韩国出台了《扩大海外投资法案》和《外汇交易法》。通过一系列的法律法规及政策安排，日本和韩国不仅根据自身经济发展的需要明确了对外直接投资的基本战略，也使企业的对外直接投资活动有章可循，有法可依，切实维护了本国投资者的海外利益。因此，为了鼓励和支持企业进行对外直接投资，中国应当尽快出台《对外投资促进法》，加快完善和健全相关的法律法规，在确保维护国家安全和人民根本利益的前提下，着力为中国企业对外直接投资提供规范的制度保障和广泛的支持。

6.1.1.2　明确政府的监督定位

转变政府监管方式，更加明确政府对海外直接投资监督的角色定位。政府的相关监管部门应当积极转变角色，提高对外直接投资审批手续的规范性和透明度，精简对外直接投资项目的审批流程，降低行政审批成本。监管方式应当从严格的项目审批为主要手段的、精细化的、微观的管理方式，稳步向以日常的事后监管为主的、自主化的管理方式转变，切实降低妨碍企业对外直接投资的制度成本。对于体现国家重大利益的大型对外直接投资项目，

---

① 郑秉文. 从国际经验看如何长期保持增长动力［N］. 人民日报, 2016-06-12.

监管部门仍然需要进行严格的审查监督,而对于一般对外直接投资项目则应当充分尊重企业作为投资主体的意愿,由企业自担风险,自负盈亏,监管机构重点审查项目的真实性和企业资金来源的合法性。

6.1.1.3 强化政府的激励措施

强化政府担当作为,在投融资渠道、财政和税收等方面实施激励对外直接投资的措施。国家对民营企业的对外直接投资没有明确的限制,但民营企业在对外直接投资的过程中面临非常多的挑战,资金短缺是最突出的问题。中国的商业银行对风险投资的态度较为谨慎,而对外直接投资风险较大,民营企业应对风险的能力又相对较弱,致使商业银行对这类贷款发放限制较多,直接阻碍了民营企业对外直接投资资金的获取。尽管中国已经成立出口信用保险公司,能够承保对境外直接投资方面的业务,但出口信用保险公司业务的覆盖范围以及作用发挥仍然比较有限。鉴于此,政府应当采取更加积极的措施进一步鼓励、激励更多企业进行对外直接投资。在资金获取方面,政府应当开拓融资渠道,进一步为企业提供大范围、宽领域的出口信贷,与此同时还要放宽对贷款担保的限制,降低企业融资的利率和保险费用,切实减轻企业的财务负担。在财政支持方面,国家应当设立对外投资发展基金、中小企业对外投资基金等,充分发挥投融资平台的作用,促进企业基金支持体系的健全完善。在税收方面,政府应当给予对外直接投资企业一定的税收减免和税收优惠,激励更多的企业进行对外直接投资。

6.1.1.4 加快利率汇率制度改革

减少政府对市场的直接干预,加快推进利率和汇率制度改革。国内外的很多研究表明,企业的对外直接投资行为对国内外利率以及汇率的变化非常敏感[1]。对于投资企业而言,外汇期货、期权等金融衍生工具在规避汇率和利率风险上发挥着重要的作用。中国政府应当深入推进相关制度改革,加快基于供求的市场化利率和汇率形成机制的建立,并积极稳健地促进资本账目的开放,尽可能为防范和规避汇率波动风险、鼓励企业对外直接投资提供条件。

6.1.2 完善对外直接投资结构

截至2018年,中国的对外直接投资有78%集中于第三产业,主要分布于

---

[1] CAVES R. Multinational enterprise and economic analysis [M]. Cambridge: Cambridge University Press, 2007.

6 增强对外直接投资提升中国自主创新能力的政策建议

批发和零售、租赁和商务服务、信息传输/软件和信息技术服务、金融、房地产等领域,而第二产业所占比重仅为21.4%,尽管近些年流向制造业特别是高端装备制造业的比例有所增加,但总存量依然较少,整个制造业领域的对外直接投资占比仅为9.2%。由于制造业领域的研发生产率高,创新活动密集,知识溢出效应明显,目前,中国对外直接投资的产业分布一定程度上减弱了对外直接投资对自主创新能力的提升效果。从日本的经验看,20世纪70年代,日本约35%的对外直接投资流向了制造业领域,第三产业占比仅为30%左右。在由中高收入阶段向高收入阶段转变的80年代,尽管制造业领域对外直接投资有所下降,但仍然维持在25%的水平。从韩国的经验看,20世纪80年代,韩国的对外直接投资也有25%集中于制造业领域,之后该比例一直上升并始终维持在高水平,顶峰时(1998年)占比达到了60%。与日本和韩国相比,中国在制造业领域的对外直接投资占比低,要充分发挥对外直接投资提升自主创新能力的作用,必须积极调整对外直接投资的产业结构,减少对租赁和商务服务以及房地产等对国内自主创新能力影响小的产业的投资,加大对制造业领域的直接投资。由于中国制造业领域对外直接投资占比低,以现在的增长速度要达到日本和韩国的水平还需要相当长的时间。因此,必须大幅度增加该领域的对外直接投资强度。

对外直接投资的区域结构。截至2018年,中国对外直接投资存量中有86.2%分布在各发展中经济体,仅有12.3%集中于发达国家经济体,其中欧盟占37.3%,美国占31.1%。近些年对发达国家经济体的对外直接投资占比有所增加,但增幅不大,因而总存量依然较小。本书第4章的实证分析结果表明,对发达国家的直接投资(技术寻求型对外直接投资)对提升中国自主创新能力的作用更加明显,因此,中国对外直接投资较少分布于发达国家的现状,减弱了对外直接投资对自主创新能力的提升效果。从日本的经验看,20世纪70年代,日本超过40%的对外直接投资都集中于发达国家和地区。在由中高收入阶段向高收入阶段转变的80年代,该比例接近60%。从韩国的经验看,20世纪80年代,超过50%的对外直接投资流向了发达经济体,90年代有所下降,但仍然保持在30%以上。要达到日本和韩国的水平,中国应大幅度增加对发达国家的对外直接投资。

为了进一步完善中国对外直接投资的区域和产业结构,政府可以采取以下政策措施。

第一,鼓励引导国内企业对发达国家的高技术产业进行投资。当前技术寻求型的对外直接投资主要分布于航空航天、生物工程、海洋、信息技术、人工智能、新能源新材料等知识密集型的产业①。然而从目前中国对外开放总战略看,境外矿产资源开发、境外加工贸易是政府优惠政策的集中领域。今后国家应当以对发达国家的技术寻求型对外直接投资作为政府重点扶持领域,通过各项财税和补贴政策鼓励、引导国内企业向发达国家具有技术优势的产业集群进行投资,以便能够获取与产品设计、生产制造相关的科技知识。另外,关于对外直接投资重点扶持的对象,政府应当适当扩大重点扶持范围,不仅支持中央企业在内的国有企业,还应当集中力量支持各种所有制投资主体积极从事技术获取型对外直接投资,尤其是扶持具有巨大发展潜力的民营企业。

第二,积极探索成立高新技术产业的对外投资基金。技术寻求型对外直接投资往往聚焦在具有较高技术含量和较大投资风险,但可以获得长期投资收益的前沿新兴行业。前沿技术的开发存在很大的风险和不确定性,但一旦投资成功,企业便可依托技术优势获取可持续的长期性收益。因而,此类行业的发展对中国自主创新能力的提升具有重大的战略意义。结合技术寻求型的对外直接投资的特征,中国可以借鉴一些发达国家的经验创设面向高新技术产业的对外投资基金。在20世纪50—60年代,日本为鼓励本国企业开展对外直接投资,以政府出资的方式设立对外投资基金,为本国企业解决了资金匮乏等问题,同时还积极提供风险贷款等相关服务,加快了日本获取海外技术、知识的步伐,获得了良好的投资效益。2005年,中国基金论坛有限公司作为基金的规划和发起人,设立了针对能源行业的"中国石油产业投资基金"(ICCPI),以中国石油民营化为方向,以中国及亚太能源市场为核心,主要提供地区间能源合作经营以及投融资支持等相关服务。在产业层面上,可以借鉴ICCPI的设立方法,有关部门合作设立"中国高新技术产业对外投资基金",重点支持核心关键技术的相关投资领域,促进高新技术产业的科研开发、科研成果转化和工业化进程,加快缩小与技术先进国家之间的差距,从而实现提升中国企业技术水平、增强自主创新能力的目标。

---

① LU C H. Moving up or moving out? a unified theory of R&D, FDI, and trade [J]. Journal of international economics, 2007, 71 (2): 324-343.

6.1.3 探索新的对外直接投资方式

增加对外直接投资的比重,完善对外直接投资的结构要依托一定的对外直接投资方式。对外直接投资的方式有绿地投资和跨国并购两种。绿地投资是指跨国公司等投资主体在东道国境内设置的部分或全部资产所有权归投资主体所有的企业。这类投资会直接导致东道国生产能力、产出和就业的增长,因而较受东道国政府的欢迎。跨国并购则是直接购买东道国企业资产的行为,对投资国和东道国而言是一种"此消彼长"的关系,相对来说更容易引起东道国的警惕心理,从而受到东道国政府和居民的反对。自2004年以来,中国跨国并购在对外直接投资流量中所占的比例已经逐年降低,由54.4%下降到2018年的21.7%。但是,中国近些年大规模的海外并购仍然引发了西方发达国家的警惕心理。美国和欧盟都已经启动了对中国企业并购更加严格的审核程序,因此可以预见,未来中国企业的海外并购将面临越来越大的困难。

在这种情况下,对外直接投资方式应当更多地向绿地投资转移。但是由中国企业在东道国全资设立子公司需要较长的基础设施建设周期,而要完全嵌入当地的生产和创新网络则需要更长的时间,见效相对缓慢。因此,为了促进对外直接投资的持续健康发展,充分发挥对外直接投资对自主创新能力的提升作用,中国有必要探索新的对外直接投资方式,以便能够尽快获取国外的先进技术、知识,同时又能够尽可能地避免东道国的反感。

除了跨国并购和绿地投资以外,中国企业还可以采取联盟、合资与项目合作等方式进行对外直接投资。联盟的方式通常包括公司之间相互持股、双合资、平衡投资、协作、供应合同等形式。一般来说,相互持股主要是指企业间为巩固良好的合作关系,通过购买合作方的股份而结成联盟;双合资则是联盟建立两个合资企业,使各自的母公司占有较多股份;平衡投资是企业间通过少数股权参与的方式开展技术研发合作,充分借助海外的人力资源和技术信息以降低研发成本,分担研发风险,并及时追踪东道国最新的研发资讯;协作主要是联合开发技术或联合营销;供应合同是指企业间就某些产品的供给或购买签订合作合同。

中国的对外直接投资企业应当充分掌握和理解投资模式的主要特点和实施要求,在充分考虑东道国和企业文化特征、所需技术、知识的特性等因素的基础上,结合自身的实际情况选择最有效的模式进入市场,同时在当地积极

寻求合适的上下游企业开展合作，以便能够迅速嵌入东道国的生产和创新网络。此外，中国的对外直接投资企业也要特别重视境外大学、企业和研究机构进行的研发活动，充分利用海外子公司接近当地科学技术资源的优势，努力扩展企业获取先进技术和前沿信息的空间。一些学者的研究已经证实，华为和中兴通过加强国际合作，与东道国企业建立联合研发中心和实验室的方式进行的对外直接投资，减少了投资企业获取东道国先进科学技术、知识所用的时间，而且有效实现了国内外企业之间的研发优势互补，显著提升了企业的自主创新能力。

6.2 健全协同创新体制机制

第5章的研究结果表明，对外直接投资对自主创新能力的提升作用受到协同创新水平的调节，协同创新水平越高，对外直接投资对自主创新能力的提升作用越明显。与日本相比，中国目前的协同创新水平还不高，协同创新体制机制仍然不完善，企业之间、企业与科研机构和政府之间，以及国内各区域之间尚缺乏有效的协同创新合作。这在相当程度上减弱了对外直接投资对自主创新能力的提升效果。因此，为了充分发挥对外直接投资提升自主创新能力的作用，必须将健全协同创新的体制机制作为工作重点，采取各种行之有效的措施加强科技合作，推动协同创新。

6.2.1 加快构建企业间的技术网络

现有的研究表明，我国企业之间的技术网络还很不完善，企业之间的知识转移还不广泛，企业之间的研发合作目前还不普遍[1]。日本的经连会系统在促进企业之间开展创新协作，增强对外直接投资对自主创新能力提升效果方面起到了重要的作用。但是，正如日本著名的发展经济学家速水佑次郎和神门善久[2]指出的，日本企业的发展经验很大程度上继承了社区文化和德川时代商业实践的遗产，具有非常鲜明的民族特色。因此，在中国完全照搬日本的经连会制度结果会适得其反。日本的发展经验表明，发展中国家完全可能依

---

[1] 叶伟巍，王翠霞. 知识：国家创新系统的协同本质[M]. 杭州：浙江大学出版社，2015.
[2] HAYAMI Y, GODO Y. Development economics [M]. Oxford: Oxford University Press, 2005.

6 增强对外直接投资提升中国自主创新能力的政策建议

据本国文化和历史传统走出一条符合民族特色的发展道路。为了加快构建企业间的技术网络,中国可以采取两方面措施。

第一,充分发挥行业协会的服务和协调功能。行业协会指介于商品生产者和消费者之间、政府和企业之间的重要社会中介组织,主要承担服务、咨询、沟通和协调功能。作为一种民间自发形成的组织,行业协会不仅代表行业内全体企业的共同利益,也要为行业内企业提供积极的帮助和指导。目前,中国大部分行业协会在实际运作过程中不仅存在资金匮乏、制度不健全以及规模过小等问题,也面临着无法吸引到高素质人才的问题,因而很难为促进企业之间的联系和沟通,加强企业间的研发合作提供高质量的中介服务。鉴于此,一方面,政府应当加强对行业协会以及企业间民间协作组织的支持和帮助,在税收方面提供一定的优惠,在财政方面给予资金支持,确保民间协作组织在成立初期能够站稳脚跟;另一方面,各企业之间必须积极加强沟通和协调,由行业内的大企业牵头逐步建立起能够保持公正和独立的行业协会,并且制度健全、运作规范,能够真正承担起保护协会内各企业利益、促进企业协作创新网络建立的责任。

第二,努力构建中国企业的全球网络。政府也要积极帮助对外投资企业构建海外的技术网络。商务部应当加快建立境外投资国别信息数据库并及时发布面向不同国家的对外投资产业指导目录,包括东道国的投资政策、投资环境、双边合作以及优惠投资安排等信息,以便为对外直接投资企业提供更优质的服务。驻外经济商务机构也可以与各进出口商会以及对外投资企业合作,建立由政府资助、采取市场化运作的信息管理系统,通过形成年度性或不定期的报告,将对外直接投资各种相关信息及时反映出来。此外,政府可以将企业管理者和政府官员组成投资代表团,赴东道国进行工作访问和参观考察,深入挖掘更多投资机会,并且进一步通过与东道国的政府高层官员会谈,实现供需对接和投资撮合。值得注意的是,中国民间的对外直接投资很大程度上依赖于乡土地缘关系,因此,企业自身也必须主动培养合作意识,利用这种关系建立开放、共享的学习机制,并联合搭建服务于各企业的民间合作平台。在这方面,中国美国商会、中国欧盟商会都提供了很好的经验借鉴。这些机构在政府的支持下能够很好地搭建中国企业的海外关系网络,通过经常组织并开展投融资洽谈会、商品交易会等活动,促进企业之间的交流与合作。

6.2.2 完善政产学研协同创新体制

日本在由中高收入国家向高收入国家迈进的过程中，以研发联盟和共同利用组织为代表的政产学研合作模式发挥了重要的作用。通过加强政府、产业、科研机构和大学之间有效的合作，很大程度上弥补了创新活动中市场机制的缺失，政产学研协同创新成为提升日本自主创新能力、建设创新型国家的有效路径。近年来，虽然中国一直在推动政府主导下的产学研合作，但由于概念边界模糊以及制度机制不完善，至今仍没有真正形成政府—产业—高校—科研机构等主体合作创新的良好局面。借鉴日本政产学研合作创新的模式、战略和制度安排，中国应当采取政策措施完善政产学研协同创新体制机制。

第一，全力搭建高水平的政产学研协同创新平台。协同创新机制能否有效运行的关键在于高水平协同创新平台的搭建。由于协同创新涉及多个不同的创新主体，而各创新主体又有不同的目标，在平台建设的初期政府必须发挥主导作用。一方面，政府应当为协同创新平台提供稳定的资金、人才和法律制度支持，同时以开放共享的前景积极吸纳社会力量参与协同创新平台的建设；另一方面，政府在国家重大科技攻关项目、战略性新兴产业培育的安排上，应当优先向协同创新平台倾斜，在具体研究开发过程中，要发挥统筹科技基础设施建设、协调各方利益的关键作用。

第二，积极探讨适合中国国情的政产学研协同创新基本模式。高校和科研机构是知识生产和创造的社会组织，企业是知识应用并推进市场化开发的社会组织，政府是推动社会、经济全面发展的制度、政策制定者和维护者，三者之间的合作具有天然的合理性，但也受到社会文化传统和经济发展阶段的制约。应当从促进互补性知识交流和协作的角度，总结适合中国国情的产业、高校、科研机构、政府合作研发的基本模式，推动形成竞争有序又合作紧密的协同创新共同体，努力实现创新资源的优化配置。

第三，加紧构建科学合理的政产学研协同创新利益分配机制。协同创新平台的正常运营和协同创新模式的长期运作，需要科学合理的利益分配机制作为保障。为此，政府一方面要尊重大学和科研机构使用研发成果获取经济利益的正当权利，并通过立法予以保障；另一方面要大力支持与科技创新相关的各种第三方中介组织的建设。在明确的法律体系的规范下，以及活跃的

6 增强对外直接投资提升中国自主创新能力的政策建议

中介组织的协调下，科学合理的政产学研协同创新利益分配机制才能建立起来。

6.2.3 打造区域协同创新共同体

日本东京大湾区协同创新共同体的经验表明，由中央政府牵头，核心城市对区域内其他城市进行重点帮扶，根据各地区自身的历史特质和产业结构形成具有地方特色的自主创新能力，在此基础上构建分工明确、互补性强的区域创新系统是打造区域协同创新共同体的可行方式。在中国，由于条块分割的"诸侯经济"格局依然很明显，造成各地区之间创新资源和要素分布极不均衡，协同创新网络发展不畅，区域协同创新水平仍然较低。为此，借鉴日本的经验，中国可以采取三方面措施打造区域协同创新共同体。

第一，全面提升区域内各地区的自主创新能力，均衡区域创新水平。日本区域创新体系的构建是以地方自主创新能力的提升为基础的，是以地方政府为主导，以企业—高校—科研院所为主体，通过提高地方和中小企业的科技创新能力，缩小区域内各地区科技创新差距的过程。国家的作用由管制逐渐变为扶持，通过提供优越的区域创新环境构建造血式创新扶持体系。在打造中国区域协同创新共同体的过程中，政府应当积极开展相关协调工作，构建科学合理的协调机制，统筹解决区域创新发展的重大问题，从战略设计、制度设计、政策设计、机制设计等方面进行全方位有效突破，坚决避免重复建设、同质发展和恶性竞争。此外，政府也应当担负起构建区域协同创新统筹平台的责任，重点围绕区域创新体制机制建设、创新资源流动、科技创新产业链等重大问题深入开展研究，并为相关职能部门提供决策报告，推进相关政策的出台和落地，促进各地区协同发展。

第二，要合理调节区域内部的创新资源配置。东京聚集了大量的优势科研资源和高新技术企业，东京都对区域内其他地区的科研工作起到了很好的带动作用，最终形成了以东京为核心的区域创新体系。在打造中国区域协同创新共同体的过程中，应当着力推动区域内创新要素的合理高效流动。政府应当积极引导区域内核心城市的高校、科研院所和高水平创新型企业在其他地区设立分支机构、共建研发平台，帮助各地区根据自身的优势培育创新能力。同时也应当积极深化商事制度改革，简化区域内协同创新项目的审批程序，降低企业进行协同创新的成本。

第三,要加强科技中介组织建设,推动资源共享和协同创新。日本大湾区构建的科技中介组织体系以财团法人和社团法人为主体,积极为资源共享和协同创新搭建平台,促进了区域内优势创新资源向中小企业和自主创新能力薄弱的地区辐射、分散。在打造中国区域协同创新共同体的过程中,要加快推动科技创新服务体系建设,使科技中介能够朝着多样化的趋势发展,建立众创空间和创新孵化器,积极吸引具有创新意识的人才向区域内集聚,为科技创新的持续发展提供重要载体。要全方位地为科技创新企业提供一系列投融资服务,如搭建科技金融服务平台,为中小微科技企业创新创业提供资金支持。要扶持风险投资基金的发展,以区域内核心城市的金融市场为平台,培育多元化的风险投资和投融资主体。

6.3 构建更高水平的国际经济合作

当前中国企业在对外直接投资特别是对发达国家进行投资的过程中,面临的突出问题是不确定性逐渐加大。一方面,全球政治动荡、金融风险、战争灾难等问题依然很严峻,中国对世界各个地区进行投资需要进行更加审慎的考量;另一方面,中国近些年大规模的海外并购活动已经引起了发达国家的恐慌,出于自身利益考虑,美国和欧盟逐渐加强了对中国投资的所谓"安全"审查力度,使中国对发达国家的技术寻求型对外直接投资面临越来越多的困难。近三年来,尤其是美国,逆全球化趋势而动,连续发起了对华贸易战,并频频以国家安全为由加紧对在美中资企业的审查。美国的《2019 财年国防授权法》进一步扩大了美国外国投资委员会的职权,授权其对"中国对美国高科技领域的风险投资"进行"额外审查"的权力。不仅如此,美国还对中国在其他发达国家的投资进行干涉。2018 年,中国三峡集团全额收购葡萄牙电力集团的计划因美国的干涉而搁浅。因此,为了切实保护中国对外投资企业的合法权益,积极促进中国企业进行对外直接投资,中国必须构建更高水平的国际经济合作,采取有力措施为中国企业的海外投资保驾护航。

6.3.1 大力推进双边、多边投资协定谈判

目前,中国与世界上 115 个国家(地区)签订了双边投资促进和保护协定。这些协定多是与来华投资的国家签订的,中国的海外投资并没有被列为

6 增强对外直接投资提升中国自主创新能力的政策建议

重点。当前,中国已经进入了资本净输出国家的行列,中国在国际投资协议中的谈判地位也应当适时进行调整,增加中国企业对外直接投资的支持性条款,以便能够充分体现在对外直接投资中我国的东道国和母国的双重身份。中国已经与越南和新加坡签署了自贸协定,与伊朗和塞尔维亚签署了为建立自贸区的临时协定,正在与以色列、印度、埃及等国进行有关自贸区建设的谈判。中国作为世界第二大经济体,最大的发展中国家,与世界上很多国家签订了双边投资协定。但在与发达国家特别是与美国和欧盟关于双边投资协定的谈判上却面临着诸多困难。中国与欧盟之间的分歧主要在经济方面,双方主要在外资市场准入、公平竞争原则,以及商务争端解决机制等问题上有不同的诉求。中国与美国之间的分歧主要不在于经济方面,而在政治方面。尤其是特朗普上台以后美国政府对中国采取步步紧逼的遏制政策,以及逆全球化趋势与中国进行贸易战,严重损害了中美双方的经济利益,导致中美双边投资协定谈判再次陷入停滞。鉴于中国已经与世界上很多国家特别是发展中国家签署了贸易和投资协定,未来进一步加强双边和多边经贸磋商,为中国对外直接投资营造良好的环境重点在于处理好与美国和欧盟的双边投资谈判。

就当前的国际形势而言,针对中美双边投资谈判,中国应当采取三个对策。

第一,要加强对系列条款设计,如负面清单、准入前国民待遇、知识产权保护以及社会责任等方面新趋势的研究。当前美国不仅蓄意挑起中美贸易战,还滥用国家安全审查权力。从最新通过的《外国投资风险评估现代化法案》可以看出,美国企图通过在战略层面加大对外国,特别是中国投资有关项目的审查力度,进一步设置中国对美国直接投资的障碍。对于何时重启两国谈判,中国需要提前做好相应的战略预判,并提前准备应对措施,因为如果中美双边投资谈判重启,这些条款将无法回避。

第二,要正视中美两国的制度距离,提高中国企业适应高标准投资规则的能力。改革开放40多年,中国坚定不移地启动新一轮的全面深化改革和对外开放,大力加强自由贸易港和自由贸易试验区的建设,将有利于促进中国逐渐与国际经贸投资规则实现高标准对接,逐渐提高与发达国家在经贸投资领域谈判中的话语权,进一步提升中国的全球投资治理能力。

第三,要妥善处理好中美经贸摩擦,实现互利共赢。中国应当积极向美

国阐明摩擦产生的缘由,中美经贸投资互助合作的好处,澄清其中的利害关系,尽最大努力使争端的解决采取谈判、协商等方式。不论是在市场规模上还是产业结构上,中美两国仍然具有很强的互补性。因此,尽管美国政府明确将中国视为战略对手,但实际上又离不开中国。为避免让两国经济陷入脱钩的状态,中国应当以推动中美双边投资谈判为突破口,努力增进双方互信和经贸合作。

就中欧双边投资谈判而言,双边投资协定符合双方的利益,是共赢的选择,应当积极推进,中国可以采取三方面措施。

第一,改进并调整外资市场准入政策。国内实际上已经开始推行内外资一致的待遇,2017年,外商投资产业负面清单首次在《外商投资产业目录》中公布,该目录明确提出今后不再设置外资准入特别管理措施。2018年,中国大幅度放宽了金融业和汽车制造业等行业的对外开放水平,外商投资受到限制的产业进一步由63条减少至48条。如果要坚持遵循欧盟对等开放的原则,由于当前中欧双边投资协定的潜在负面清单部门比较集中,中国应当充分考虑国内企业在对外直接投资方面的需求和能力,不必刻意追求过度开放,在反复权衡产业利益的基础上,提出一份中欧双方都能接受的对等清单。

第二,针对投资者—东道国的争端解决机制,在一些敏感领域,中国应当设定例外原则,保留足够的弹性地带和政策空间。尤其是对于中欧标准差别较大的领域,如环境、劳工等领域,要切实考虑国情、坚持合理主张,防止义务过重。同时,也可以此为契机倒逼国内生态环境体制改革。近两年来,中国在环境保护标准以及执法力度上都已有显著提升,如果在中欧双边投资谈判中引入较高的环境标准,也可以不断促进国内规制水平的提升。

第三,加强国际交流与合作,进一步推动"一带一路"倡议与"欧洲投资计划"实现有效对接。当前,中国企业进入欧洲市场的方式普遍以参股或并购欧方企业为主,已经引起欧盟内部保守主义势力的高度警惕。如果《中欧投资协定》得以签订,虽然能够要求欧盟降低对外资审查的力度,但中国的正常投资仍然可能受到内部不友好舆论的影响。因而继续推动"一带一路"倡议与"欧洲投资计划"对接,通过与欧盟企业建立合资公司的方式,共同投资建设欧盟内部以及中东欧地区的基础设施,进而合作开发第三方市场非常必要,由此不仅可以促进中国企业在欧盟及其他市场的发展,使欧盟企业逐渐适应与我方的合作,增加当地就业,也能改善中国企业在欧盟的国际形象，同时可以提振对华友好的欧盟商界、政界人士对中国企业的信心，使当地保守主义以及不友好的负面消息得到有效制衡。在当前贸易保护主义、单边主义流行的时期，中欧加强投资合作可以使双方降低其他国家的负面政策冲击所造成的不良影响，携手并进，一起迈向开放包容、共同繁荣的新时代。

6.3.2 积极搭建开放型国际合作平台

除了推动与更多国家和地区签订双边、多边投资协定以外，中国还可以主动搭建开放型国际合作平台，为中国企业对外直接投资提供良好的基础性条件。实际上，中国提出的"一带一路"倡议以及主动举办国际进口博览会是积极搭建开放型国际合作平台的典范，极大地带动了中国企业的对外直接投资。正如习近平在2019年第二届中国国际进口博览会上指出的，中国国际进口博览会……成为新时代国际合作的又一重要平台。中国举办国际进口博览会、主动扩大进口，是着眼于推动新一路高水平对外开放、深化共建"一带一路"国际合作、共同构建开放型世界经济的主动作为。此外，建设境外合作区也是积极搭建开放型国际合作平台的一种有效方式。截至2018年，中国已经在世界上46个国家建设初具规模的113家境外合作区，累计对外投资已达366.3亿美元。境外经贸合作区带动了更多的中小企业走出去，在国外形成中国企业集群，产生了明显的知识溢出效应，增强了投资企业的自主创新能力。未来中国可以考虑与更多国家建立境外经贸合作区，为中国企业走出去搭建更多的合作平台。为此，中国可以采取两方面措施。

第一，积极创建境外经贸合作区，形成具有中国特征的境外产业集群。中国政府与东道国政府合作创办的境外经济合作区和海关特殊监管区，已经展示了复制国内产业集聚优势的良好前景。这种由政府推动的依靠对外直接投资形成的境外产业集聚能够产生显著的外部经济效应，有效提升了企业的学习和创新能力。中国政府在进一步推进创建境外经贸合作区时，一是要加强顶层设计，注重高层关注，形成政策扶持的多层保障机制；二是要拓展融资渠道，构建全方位的资金支持系统；三是要控制增量、盘活存量，提高在建经济合作区的运营效益；四是要扎根中小企业发展需求，化解经贸合作区招商瓶颈和盈利模式单一的问题；五是要注重本地化发展，提高合作区建设的社会效益，努力树立中国企业的良好形象。

第二，建立和完善对外直接投资的公共服务机制。对于如何提供良好的海外投资公共服务问题，除了需要政府在各层面，如经济环境、社会环境、法律环境、人文环境等方面提供服务支持以外，关键还在于建立和完善以政府为主导、不同利益主体共同参与其中的多层级的公共服务机制。除了各级政府专门设立的服务机构，在各行业领域的中介组织，如行会、商会等设立内部服务机构，此外还有跨行业的专门服务机构以及企业组成的联盟，这些服务机构或联合组织都应当而且能够积极提供相关的政策宣传、政策引导，以及投融资、咨询、培训、监督等系列服务，有利于形成综合、健全、多元、完善的社会化服务系统。此外，通过建立境外经济合作区，政府部门和相关中介组织能够帮助企业集中提供涉及外交、安全以及保险等方面的综合性、一揽子服务，企业所需的各项咨询和审批流程也可以精简化、集约化，进一步降低企业海外经营的信息成本，激励更多企业积极进行对外直接投资。

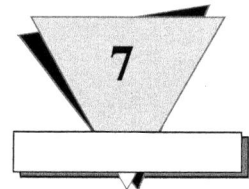

结论与展望

7 结论与展望

7.1 研究结论

本书围绕中国对外直接投资提升自主创新能力这一核心问题展开研究，在对国内外现有文献进行系统梳理总结的基础上，首先，确定了对研究问题有较高借鉴价值，但主要着眼于发达国家视角的基础性理论分析框架——质量阶梯产品周期模型。其次，考虑到中高收入国家面对特定的经济发展阶段以及面临特定的国际经济环境，本书对质量阶梯产品周期模型进行中国化修正，将中高收入国家及其创新行为纳入模型，并且考虑了中高收入国家积极开展对外直接投资活动的现实特征。中国化的质量阶梯产品周期模型立足于中高收入国家，不仅没有违背原质量阶梯产品周期模型的基本逻辑，反而进一步扩大了模型的适用范围，增强了其理论解释力。然后，基于中国2005—2017年的省级面板数据和日本1965—2005年的时间序列数据，使用计量经济分析方法对中国化的理论模型得出的基本结论进行了经验验证，实证检验支持了理论模型的分析结果。最后，在借鉴日本发展经验的基础上，提出了增强对外直接投资提升中国自主创新能力的政策建议。本书的研究结论可以归纳为四个方面。

第一，中国化的质量阶梯产品周期模型具有更广的适用范围和更强的解释力。纳入中高收入国家的质量阶梯产品周期模型继承了原模型中对外直接投资提升自主创新能力的两个核心机制——资源配置机制和知识获取机制。一方面，中高收入国家已经具备特定优势的跨国公司对其他发展中国家开展直接投资活动，将国内某些不具备竞争优势的产业、产品或生产环节转移到其他国家，为国内开展研发更加密集的生产活动腾出了资源和空间，在这种情况下，对外直接投资通过资源配置机制间接提升了国内的自主创新能力。另一方面，中高收入国家中在生产技术和创新能力上暂时处于劣势的跨国公司，通过对发达国家的直接投资获取先进的科学技术、知识，加速了知识在全球范围内的扩散，提升了母国的技术进步速度。在此基础上，中国化的质量阶梯产品周期模型强调了对于中高收入国家至关重要的结构转换机制和市场竞争机制。中高收入国家的对外直接投资不仅获取了现有的科学技术、知识，也通过国内互补性研发活动逐渐掌握了思路、原理、方法和流程，促进了自主创新结构由集成创新向原始创新转换。随着中高收入国家的自主创新

对外直接投资提升中国自主创新能力研究

能力日趋接近发达国家，自主创新结构愈加倾向于原始创新，国家之间的创新竞赛也更为激烈，加速了全球创新活动的开展，加快了自主创新能力的培育。在这种情况下，市场竞争机制又带动了结构转换机制、资源配置机制和知识获取机制，对外直接投资提升自主创新能力的作用得到了进一步增强。中国化的质量阶梯产品周期模型不仅没有违背原质量阶梯产品周期模型的基本逻辑和作用机理，反而更加契合中高收入国家所处的特定经济发展阶段和面临的特定国际经济环境，而且能够更全面地解释中高收入国家的对外直接投资对本国自主创新能力的提升作用。同时，中国化的模型也进一步拓宽了质量阶梯产品周期模型的适用范围，增强了这类模型对处于不同经济发展阶段的国家的解释力。

第二，中国的对外直接投资能够提升自主创新能力。与成本节约型对外直接投资相比，技术寻求型对外直接投资对自主创新能力的提升作用更加明显。在中国化的质量阶梯产品周期模型中，中高收入国家的技术寻求型对外直接投资能够获取发达国家先进的科学技术、知识，并通过协同创新和学习效应提升本国的自主创新能力；成本节约型对外直接投资将部分正在丧失或即将丧失竞争优势的生产过程转移到中低收入国家，为中高收入国家从事研发强度更高的创新产品腾出了资源和空间。此外，由于技术寻求型对外直接投资在模型中发挥了获取技术、知识的直接作用，成本节约型对外直接投资发挥的只是调节资源配置的间接作用。而且，成本节约型对外直接投资从属于技术寻求型对外直接投资，即只有先通过技术寻求型对外直接投资获取技术、知识并予以二次创新，中高收入国家才有可能将二次创新的技术以成本节约型对外直接投资的形式转移到中低收入国家。因此，与成本节约型对外直接投资相比，技术寻求型对外直接投资对自主创新能力的提升作用更加明显，基于中国和日本经验数据进行的实证分析都支持了这一结论。

第三，对外直接投资有利于转换中国的自主创新结构，促使自主创新结构由以集成创新为主向以原始创新为主转变，技术寻求型对外直接投资促进自主创新结构转换的作用更加明显。在中国化的质量阶梯产品周期模型中，技术寻求型对外直接投资强度增加，通过提升产品架构、设计能力逐渐降低了中高收入国家原始创新的成本。随着技术寻求型对外直接投资强度的增大，有越来越多的产业开始由集成创新向原始创新转变。在这一转变过程中，有更多的研发活动需要在中高收入国家开展，于是也增加了对国内创新资源的需求，成本节约型对外直接投资发挥了释放国内资源要素的作用。因此，对外直接投资有利于中国自主创新结构的转换。此外，与成本节约型对外直接投资相比，技术寻求型对外直接投资更为直接地影响了中高收入国家的原始创新成本，因而其促进自主创新结构转换的作用也更加明显。基于中国和日本的经验数据所做的计量经济分析同样支持了这一结论。

第四，中高收入国家的协同创新水平能够调节对外直接投资对自主创新能力的提升作用，由于协同创新水平较低，现阶段这种调节作用在中国并不明显。传统上，质量阶梯产品周期模型是在完全信息的理想环境中运行的。因此理论模型得出的结论在现实经济生活中是否稳健，成为我们需要重点考虑的问题。通过对质量阶梯产品周期模型隐含假定的深刻挖掘，本书发现，在信息不完全的现实研发环境中，中高收入国家的协同创新水平决定了对外直接投资能够在多大程度上提升自主创新能力。协同创新能够有效协调现实研发过程中的各方预期，中高收入国家的协同创新机制越完善，创新活动中的不确定性越小，对外直接投资对自主创新能力的提升作用也越大。要构建完善的协同创新机制，不仅需要密切各行业之间研发人员的协作，完善创新网络，还要积极、迅速地将对外直接投资所获取的技术、知识、理念整合进协同创新网络，使之能够被国内更多的研发人员所理解和接受。中国的对外直接投资只是在走出去战略实施以后才开始迅速增长，对发达国家的技术寻求型对外直接投资迅猛增长是2008年以后才发生的事情。在这段时间内，中国还没有能够建立起完善的协同创新机制，研发人员之间的创新协作还未全面开展。因此，在现阶段，协同创新还没有发挥对对外直接投资提升自主创新能力的积极调节作用，基于中国和日本的经验研究充分支持了这一结论。

7.2 前景展望

在对质量阶梯产品周期模型进行中国化修正的基础上，本书从理论模型、机制探讨、实证检验和政策建议等方面，对中国对外直接投资对自主创新能力的提升作用进行了较为系统的研究。但由于这是一个相对前沿的课题，涉及多个学科知识的整合，而且还必须考虑像中国这样处于中高收入发展阶段国家的特殊国情，因而本书还只是进行了一次探索性研究。未来在这一问题上有望取得更加丰富的研究成果。

第一,在理论研究层面,对中国化的质量阶梯产品周期模型还可以进一步拓展。本书通过引入中高收入国家以及中高收入国家的对外直接投资和自主创新活动对质量阶梯产品周期模型进行了修正,使之能够更加契合中高收入国家的发展需要。然而,为了简化起见,我们只考虑了中高收入国家进行对外直接投资的情况。未来的研究可以在这个框架中进一步纳入发达国家的直接投资,以及中高收入国家的双向直接投资,从而争取得到更为丰富的动态结果。另外,本书修正的理论模型主要适合于分析中高收入国家在技术赶超阶段的问题,当技术赶超完成以后,即中高收入国家已经成为高收入国家,在创新领域已经实现与发达国家并跑的情况下,对外直接投资提升自主创新能力的机制会有所不同。在这种环境中,同处于技术前沿的国家之间互相进行的对外直接投资,更多的是通过双向技术溢出同时提升两国的自主创新能力。如何在中国化的质量阶梯产品周期模型中纳入这种创新互动方式的转变,是未来研究应当考虑的方向。

第二,在经验研究层面,可以从微观的企业和产业数据入手进行更深入的统计检验。受限于微观数据获取的困难性,本书在实证研究部分的处理上主要采用了省级层面的宏观数据,没有能够检验不同产业和不同企业中,对外直接投资对自主创新能力的提升作用。在大数据时代,随着数据搜集和处理技术的不断完善,未来的研究应当从企业和产业层面的数据入手,努力获取第一手研究数据,并构建包含产业异质性和企业异质性的对外直接投资数据库。在计量分析方法上则可以尝试构建动态面板模型,从而能够以较为连续、一致的视角,更加深入地研究对外直接投资对自主创新能力的提升效果。此外,也可以选取或构建更多的对外直接投资与自主创新能力的衡量指标,以便能够进行更为充分的稳健性检验。

参考文献

[1]曹鸿宇. 中欧双边投资协定谈判的主要挑战及应对[J]. 中国市场,2019(8):75-77.

[2]陈劲,张学文. 日本型产学官合作创新研究:历史、模式、战略与制度的多元化视角[J]. 科学学研究,2008(8):880-887.

[3]陈浪南,洪如明,谢绵陛. 我国企业跨国市场进入方式的选择战略[J]. 国际贸易问题,2005(7):85-90.

[4]贾根良,刘辉锋. 自组织创新网络与科技管理的变革[J]. 天津社会科学,2003(1):70-74.

[5]李国学. 对外直接投资促进国家创新能力提升的机制与途径[J]. 国际经济合作,2017(4):14-19.

[6]黎友焕. 旧金山湾区政产学研协同创新对粤港大湾区的启示[J]. 华南理工大学学报(社会科学版),2020(1):1-11.

[7]蒋冠宏,蒋殿春. 绿地投资还是跨国并购:中国企业对外直接投资方式的选择[J]. 世界经济,2017(7):126-146.

[8]林岗,王一鸣,黄泰岩,等. 迈过"中等收入陷阱"的中国战略[M]. 北京:经济科学出版社,2011.

[9]刘宏. 第四路径:中国OFDI逆向技术溢出效应研究[M]. 北京:经济日报出版社,2017.

[10]卢进勇,闫实强. 境外直接投资行业分布:特点、演变和趋势[J]. 国际经济合作,2011(6):22-26.

[11]聂名华,朱晓辉. 中国OFDI逆向技术溢出效应与提升方略[J]. 宁夏社会科学,2017(6):78-84.

[12]裴长洪,樊瑛. 中国企业对外直接投资的国家特定优势[J]. 中国工业经济,2010(7):45-54.

[13]裴长洪,郑文. 国家特定优势:国际投资理论的补充解释[J]. 经济研

究,2011(11):21-35.

[14]邱喆成.对外直接投资、创新能力提升与国有经济比重:基于我国省际面板数据的研究[J].上海经济研究,2015(9):24-30.

[15]茹运青,孙本芝.我国OFDI不同进入方式的逆向技术溢出分析:基于技术创新投入产出视角的实证检验[J].科技进步与对策,2012,29(10):16-19.

[16]沙文兵.对外直接投资提升了中国国内创新能力吗?:基于2004年—2010年省际面板数据的检验[J].经济经纬,2015(11):54-58.

[17]宋泽楠,尹忠明.国家特定优势向企业特定优势的演化:逻辑路径与现实障碍[J].国际经贸探索,2013(6):25-35.

[18]孙灵希,储晓茜.跨国并购与绿地投资的逆向技术溢出效应差异研究[J].宏观经济研究,2018(10):141-153.

[19]孙艳艳,张红,吕志坚.日本首都圈产学官协同创新生态系统建设研究[J].情报工程,2017(5):102-111.

[20]王大洲.我国企业创新网络发展现状分析[J].哈尔滨工业大学学报(社会科学版),2005(5):67-73.

[21]王恕立,李龙.外向FDI影响中国自主创新的机制及实证检验[J].世界经济研究,2012(7):67-80.

[22]王宇鹏.欧美加严外资安全审查的趋势特点和分析建议[J].国际贸易,2018(5):28-36.

[23]小岛清.对外贸易论[M].天津:南开大学出版社,1987.

[24]谢钰敏,周开拓,魏晓平.对外直接投资对中国创新能力的逆向溢出效应研究[J].经济经纬,2014(3):42-47.

[25]闫雪凌,林建浩.领导人访问与中国对外直接投资[J].世界经济,2019(2):147-169.

[26]杨波,张佳琦.海外并购与绿地投资选择研究:基于企业异质性视角[J].国际贸易问题,2017(12):117-127.

[27]殷朝华,郑强,谷继建.对外直接投资促进了中国自主创新吗:基于金融发展视角的实证研究[J].宏观经济研究,2017(8):69-85.

[28]余鹏翼,刘先敏,陈文韬.双边投资协定促进了中国对外直接投资吗?:兼论对中美BIT谈判的启示[J].国际经贸探索,2019(1):70-87.

[29]邹薇,代谦.产品周期与南北贸易[J].世界经济,2004(10):3-14.

[30]张在群.政府引导下的产学研协同创新机制研究[D].大连,大连理工大学,2013.

[31]中华人民共和国商务部,国家统计局,国家外汇管理局.2018年中国对外直接投资统计公报[M].北京:中国商务出版社,2019.

[32]庄子银,丁文君.知识产权保护、模仿与南方自主创新[J].经济评论,2013(3):5-18.

[33]AKAMATSU K. A theory of unbalanced growth in the world economy[J]. Weltwirtschaftliches archiv,1961,86(2):196-217.

[34]ANTRAS P,HELPMAN E. Contractual frictions and global sourcing[R]. NBER Working Paper,2006,No12747.

[35]BERTRAND O,CAPRON L. Productivity enhancement at home via cross-border acquisitions:the roles of learning and contemporaneous domestic investments[J]. Strategic management journal,2014,36(5):640-658.

[36]CHUANG Y C,LIN C M. Foreign direct investment,R&D and spillover efficiency:evidence from Taiwan's manufacturing firms[J]. The journal of development studies,1999,35(4):117-137.

[37]DAVIES R B. From China with love:the role of FDI from third countries on EU competition and R&D activities[R]. UCD Centre for Economic Research Working Paper Series,2018,No18/13.

[38]DESAI M A,FOLEY C F,HINES J R. Domestic effects of the foreign activities of US multinationals[J]. American economic journal:economic policy,2009,1(1):181-203.

[39]DIODATO D,MALERBA F,MORRISON A. The made-in effect and leapfrogging:a model of leadership change for products with country-of-origin bias [J]. European economic review,2018,101(1):297-329.

[40]DRIGA I,DURA C. New trends regarding OFDI russia[J]. Annals of the university of petrosani,economics,2013,13(2):41-50.

[41]FOSFURI A,MOTTA M. Multinational without advantages[J]. The scandinavian journal of economics,1999,101(4):617-630.

[42]HAYAKAWA K,LEE H H,PARK D. The role of home and host country characteristics in FDI:firm-level evidence from Japan,Korea and Taiwan[J]. Global

economic review,2013,42(2):99-112.

[43] HAYAKAWA K,MATSUURA T,MOTOHASHI K,et al. Two-dimensional analysis of the impact of outward FDI on performance at home: evidence from japanese manufacturing firms[J]. Japan and the world economy,2013(27):25-33.

[44] GALOR, O. Unified growth theory[M]. Princeton: Princeton University Press,2011.

[45] GLASS A J, SAGGI K. Intellectual property rights and foreign direct investmnet[J]. Journal of international economics,2002,56(2):387-410.

[46] GUADALUPE M, KUZMINA O, THOMAS C. Innovation and foreign ownership[J]. American economic review,2012,102(7):3594-3627.

[47] KOIZUMI T,KOPECKY K J. Foreign direct investment, technology transfer and domestic employment effects[J]. Journal of international economics,1980,10(1):1-20.

[48] LU J Y, LIU X H, WRIGHT M, et al. International experience and FDI location choices of Chinese firms: the moderating effects of home country government support and host country institutions[J]. Journal of international business studies,2014,45(4):428-449.

[49] MA Y. Consumer preference, product quality and the product cycle[R]. Working paper(Kobe University),2010,No2.

[50] MA Y,OVERBEEK H. Chinese foreign direct investment in the european union: explaining changing patterns[J]. Global affairs,2016(1):441-454.

[51] MATHEWS J A. Dragon multinational: a new model for global growth[M]. Oxford: Oxford University Press,2002.

[52] MCAFFREY S J. Tacit-rich districts and globalization: changes in the Italian Textile and Apparel production system[J]. Socio-economic review,2013,11(4):657-685.

[53] MOROSINI P,SHANE S,SINGH H. National cultural distance and cross-border acquisition performance[J]. Journal of international business studies,1998,29(1):137-158.

[54] NAVARETTI G B,BUSSOLI P,ULPH D,et al. Information sharing, research co-ordination and membership of research joint ventures[R]. CEPR Discussion Paper,

2002,No3134.

[55]NAVARETTI G B,CASTELLANI D,DISDIER A C. How does investing in cheap labor countries affect performance at home? firm – level evidence from france and Italy[J]. Oxford economic papers,2010,62(2):234 – 260.

[56] OGAWA K, LEE C. Returns on capital and outward direct foreign investment:the case of six japanese industries [J]. Journal of asian economics,1995,6(4): 437 –467.

[57] RAO V R, YU Y, UMASHANKAR N. Anticipated vs. actual synergy in merger partner selection and post – merger innovation[J]. Marketing science,2016, 35(6):831 –998.

[58]RIBEIRO C. How and why did foreign direct investment take place between portugal and China between 2010—2015? [D]. Lisbon:Instituto Universitario de Lisboa,2016.

[59]SENER F,ZHAO L X. Globalization,R&D and the iPod cycle[J]. Journal of international economics,2009,77(1):101 – 108.

[60]STIEBALE J. Cross – border M&As and innovative activity of acquiring and target firms[J]. Journal of international economics,2016(99):1 – 15.

[61] STIEBALE J, VENCAPPA D. Acquisitions, markups, efficiency, and product quality:evidence from india[J]. Journal of international economics,2018 (112):70 – 87.

[62] SUN S L, LEE R P. Enhancing innovation through international joint venture portfolios:from the emerging firm perspective[J]. Journal of international marketing,2013,21(3):1 – 21.

[63]TUNG R L. The human resource challenge to outward foreign direct investment aspirations from emerging economies:the case of china[J]. The international journal of human resource management,2007,18(5):868 – 889.

[64] VEUGELERS R, CASSIMAN B. Foreign subsidiaries as a channel of international technology diffusion:some direct firm level evidence from belgium[J]. European economic review,2004,48(2):455 – 476.

[65]WANG S L, LUO Y D, SUN J Y, et al. Autonomy delegation to foreign subsidiaries:an enabling mechanism for emerging – market multinationals[J].

Journal of international business studies,2014,45(2):111-130.

[66] XING Y Q, ZHAO, L X. Reverse imports, foreign direct investment and exchange rates[J]. Japan and the world economy,2008(20):275-289.

附　　录

在初始状态，经济系统由第 3 章 3.2 节中式 3-26 至式 3-30 五个方程组构成。这个经济系统比较吸引人的地方在于，研究了在稳态路径上对外直接投资强度的变化所造成的影响，从而能够方便地进行比较动态分析。这在数学上等同于找出变量的稳态值关于对外直接投资强度参数的偏导数。通过重新改写方程并应用隐函数定理和链式法则，我们就可以求出内生变量的稳态值关于对外直接投资强度参数的偏导数，而萨缪尔森对应原理则确保了这些稳态值同时具有动态的稳定性[1]。

将方程式 3-26 ~ 式 3-30 重新写为：

$$\psi_1 \equiv 1 - \frac{w_N}{\lambda} - (\rho + \tau_O) w_N a_N = 0 \tag{1}$$

$$\psi_2 \equiv 1 - \frac{w_E}{w_N} - \rho w_N a_O = 0 \tag{2}$$

$$\psi_3 \equiv \frac{n_N}{\lambda} + \varphi_M (a_N + a_O) - L_N^* = 0 \tag{3}$$

$$\psi_4 \equiv \frac{1 - \varphi_M / \tau_N - n_N}{w_N} - L_E^* = 0 \tag{4}$$

$$\psi_5 \equiv \frac{w_N \varphi_M}{\tau_N} - L_S^* = 0 \tag{5}$$

要证明命题 1 ~ 命题 3，需要先引入一般情形的隐函数定理[2]。

隐函数定理：令函数 F 是定义域上的连续可微函数，考虑方程系统 $F(x;\alpha) = 0$（这里的 $x, \alpha, 0$ 都是向量形式），假设对于给定的参数 α^0，系统存在解 x^0。若在 $(x^0; \alpha^0)$ 处局内变量的雅可比行列式不等于 0（雅可比矩阵是满秩的），则有以下三个结论：

---

[1] GANDOLFO G. Economic dynamics [M]. Berlin: Springer, 2010.
[2] FUENTE A D L. Mathematical methods and models for economists [M]. Cambridge: Cambridge University Press, 2000.

(1) 在 x^0 和 α^0 的临域范围内，对于每一个 α，都存在唯一的 x 满足方程组 $F(x;\alpha) = 0$ 成立。

(2) 解对应 $x(\ )$ 是连续可微的函数。

(3) 若 F 是 C^k 的函数，则 x 也是 C^k 函数。

根据上述隐函数定理，对于我们的方程系统（1）～（5）而言，只要这个方程组关于 $\tau_N, \varphi_M, n_N, w_N, w_E$ 的雅可比矩阵在均衡点是满秩的，我们就可以将内生变量 $\tau_N, \varphi_M, n_N, w_N, w_E$ 表示为参数 $\lambda, \rho, \tau_O, a_N, a_O, L_N^*, L_E^*, L_S^*$ 在均衡点附近可微的隐函数。

根据基本的微积分知识①，方程系统的雅可比矩阵为：

$$J = \begin{bmatrix} \dfrac{\partial \psi_1}{\partial \tau_N} & \cdots & \dfrac{\partial \psi_1}{\partial w_E} \\ \vdots & \ddots & \vdots \\ \dfrac{\partial \psi_5}{\partial \tau_N} & \cdots & \dfrac{\partial \psi_5}{\partial w_E} \end{bmatrix}$$

通过简单的计算，很容易求得雅可比矩阵的行列式 $|J| > 0$，因此很明显雅可比矩阵在均衡点是满秩的。在对方程组应用链式法则写为约化形式以后，接下来我们就可以依据克拉默法则求出我们所感兴趣的内生变量对于对外直接投资强度的偏导数②。参照格拉斯和萨吉（Glass 和 Saggi）对这一问题的处理方法③，我们使用 Maple 软件对方程组进行简单计算［也可通过人工计算，但稍显烦琐，参见甘道尔夫（Gandolfo）④］，可以得到 $\dfrac{\partial \tau_N}{\partial \tau_O} > 0, \dfrac{\partial \varphi_M}{\partial \tau_O} > \dfrac{\partial \varphi_M}{\partial \tau_F} > 0, \dfrac{\partial n_N}{\partial \tau_O} < 0$。

很明显，中高收入国家技术寻求型对外直接投资强度的增加能够同时带来发达国家创新强度的增加以及发达国家创新流 φ_N、中高收入国家创新流

---

① ZORICH V A. Mathematical analysis [M]. Berlin: Springer, 2016.

② FUENTE A D L. Mathematical methods and models for economists [M]. Cambridge: Cambridge University Press, 2000.

③ GLASS A J, SAGGI K. Foreign direct investment and the nature of R&D [J]. The canadian journal of economics, 1999, 32 (1): 92-117.

④ GANDOLFO G. International economics: the pure theory of international trade [M]. Berlin: Springer, 2010.

φ_M 以及中高收入国家对中低收入国家对外直接投资流的增加。在这个方程系统中,由于中高收入国家的成本节约型对外直接投资流是由技术寻求型对外直接投资所推动的,因而对中低收入国家的成本节约型对外直接投资从属于对发达国家的技术寻求型对外直接投资。在这种情况下,技术寻求型对外直接投资流是成本节约型对外直接投资流的充分条件。技术寻求型对外直接投资强度增加必定带来成本节约型对外直接投资强度的增加。不等式 $\frac{\partial \varphi_M}{\partial \tau_O} > \frac{\partial \varphi_M}{\partial \tau_F} > 0$ 就充分表明,任何形式的对外直接投资强度增加都能够提升自主创新能力,技术寻求型对外直接投资对自主创新的提升作用更加明显。综上所述,命题 1 得证。

接下来考察第三章中最终状态的方程组式 3 - 31 至式 3 - 35,将其重写为:

$$\psi_6 \equiv 1 - \frac{w_N}{\lambda} - w_N a_N (\rho + \tau_N) = 0 \tag{6}$$

$$\psi_7 \equiv 1 - \frac{w_E}{\lambda} - \rho w_E a_M = 0 \tag{7}$$

$$\psi_8 \equiv \frac{\varphi_C}{\tau_M} \frac{1}{\lambda} + a_N \varphi_C - L_N^* = 0 \tag{8}$$

$$\psi_9 \equiv \frac{1}{\lambda} \frac{\varphi_C}{\tau_F} + a_M \varphi_C - L_E^* = 0 \tag{9}$$

$$\psi_{10} \equiv \frac{1}{\lambda} \frac{\varphi_C}{\tau_N} - L_S^* = 0 \tag{10}$$

这个新方程组的内生变量为 $\varphi_C, \tau_M, \tau_N, w_E, w_N$,外生变量为 λ, a_N, a_M, ρ, $L_N^*, L_E^*, L_S^*, \tau_F$,雅可比矩阵为:

$$J = \begin{bmatrix} \frac{\partial \psi_6}{\partial \varphi_C} & \cdots & \frac{\partial \psi_6}{\partial w_N} \\ \vdots & \ddots & \vdots \\ \frac{\partial \psi_{10}}{\partial \varphi_C} & \cdots & \frac{\partial \psi_{10}}{\partial w_N} \end{bmatrix}$$

通过简单的计算,也很容易得出雅可比矩阵的行列式 $|J| > 0$,因此很明显雅可比矩阵在均衡点是满秩的。在对方程组应用链式法则写为约化形式以后,接下来我们就可以依据克拉默法则求出我们所感兴趣的内生变量对于对

外直接投资强度的偏导数。使用 Maple 软件对方程组进行简单计算，可以得到 $\frac{\partial \varphi_C}{\partial \tau_F} > 0$，$\frac{\partial \tau_M}{\partial \tau_F}$ 的符号不能确定，但当 $\frac{\partial n_N}{\partial \tau_F} > \frac{n_N}{\tau_F}$ 时，$\frac{\partial \tau_M}{\partial \tau_F}$ 必定为负值。

与初始均衡状态进行对比，我们发现，对发达国家的技术寻求型对外直接投资促成了中高收入国家自主创新结构由集成创新向原始创新转变，因为要达到最终状态的均衡，原始创新必须有利可图，在创新活动的市场价值既定的情况下（这正是模型的基本设定），只有技术寻求型对外直接投资强度不断增加，原始创新成本才能够不断降低并最终达到创新活动市场价值的水平。随着技术寻求型对外直接投资 τ_O 的强度不断增加并最终达到阈值，φ_C 也从无到有。这样，命题 2 就得到了证明。

对于中低收入国家的成本节约型对外直接投资强度增加带来中高收入国家的原始创新流、发达国家的创新流和中高收入国家的成本节约型对外直接投资流的增加。但是，成本节约型对外直接投资强度增加对中高收入国家自主创新强度的影响却是不确定的。换句话说，尽管成本节约型对外直接投资强度增加带来了中高收入国家自主创新流的增加，但却可能降低了在每一种产品上中高收入国家投入的研发努力，这是与技术寻求型对外直接投资明显不同的一点。在我们的模型中，当技术寻求型对外直接投资强度使原始创新成本降低到产品市场价值的时候，中高收入国家原有在位企业的创新模式会全部由集成创新转变为原始创新。在这一时点上，技术寻求型对外直接投资强度等于原始创新强度，集成创新流等于原始创新流。当自主创新结构转换之后，对中低收入国家的成本节约型对外直接投资就成为主要形式，中高收入国家与发达国家之间的创新竞赛也会更加激烈，$\frac{\partial n_N}{\partial \tau_F} > \frac{n_N}{\tau_F}$ 的条件①也更容易得到满足。这时，成本节约型对外直接投资强度越大，中高收入国家原始创新的强度越小。因此，在自主创新结构转换以后，与成本节约型对外直接投资相比，技术寻求型对外直接投资对中高收入国家自主创新能力的提升作用仍然更加明显。综上所述，命题 3 得证。

---

① 这个条件类似于格罗斯曼和赫尔普曼（Grossman & Helpman, 1993）模型中有效率跟随者的情形，即随着中高收入将越来越多的国内资源集中于创新活动，进行生产活动的资源就减少了，因而本国产品数目减少，发达国家的产品数目增加。在后发国家进行技术赶超的过程中确实可能发生这种情况。